FREMDSPRACHENTEXTE

Yasmina Reza

Trois versions de la vie

Herausgegeben von
Peter Müller und Helga Zoch

Philipp Reclam jun. Stuttgart

Diese Ausgabe darf nur in der Bundesrepublik Deutschland, in Österreich und in der Schweiz vertrieben werden.

RECLAMS UNIVERSAL-BIBLIOTHEK Nr. 9108

Bibliographisch ergänzte Ausgabe 2010
Umschlagabbildung: Die Schauspieler der Uraufführung im Pariser Théâtre Antoine, November 2000, von links: Stépane Freiss (Hubert), Yasmina Reza (Inès), Catherine Frot (Sonia), Richard Berry (Henri).
Foto: Raymond Delalande / Le Journal du Dimanche
Gesamtherstellung: Reclam, Ditzingen. Printed in Germany 2010
RECLAM, UNIVERSAL-BIBLIOTHEK und RECLAMS UNIVERSAL-BIBLIOTHEK sind eingetragene Marken der Philipp Reclam jun. GmbH & Co. KG, Stuttgart
ISBN 978-3-15-009108-1

www.reclam.de

Trois versions de la vie

HENRI
SONIA
HUBERT FINIDORI
INÈS FINIDORI

(entre 40 et 50 ans)

1.

Soir.
Un salon.
Le plus abstrait possible. Ni murs ni portes; comme à ciel ouvert.
Ce qui compte, c'est l'idée du salon.

Sonia est assise, en robe de chambre. Elle lit un dossier.
Henri apparaît.

HENRI. Il veut un gâteau.
SONIA. Il vient de se laver les dents.
HENRI. Il réclame un gâteau.
SONIA. Il sait très bien qu'il n'y a pas de gâteau au lit.
HENRI. Va lui dire.
SONIA. Pourquoi tu ne lui as pas dit?
HENRI. Parce que j'ignore qu'il n'y a pas de gâteau au lit.
SONIA. Comment tu ignores qu'il n'y a pas de gâteau au lit? Il n'y a jamais eu de gâteau, il n'y a jamais eu de sucré au lit.

Elle sort.
Un temps.
L'enfant pleure. Elle revient.

3 **abstrait, e:** abstrakt.
6f. **le dossier:** Akte.
8 **apparaître:** erscheinen.
9 **le gâteau:** hier: Keks, Plätzchen.
10 **réclamer qc:** etwas verlangen.
17 **le sucré:** das Süße, etwas Süßes.
19 **le temps:** hier: (kurze) Unterbrechung, Pause.

HENRI. Qu'est-ce qu'il a?

SONIA. Il veut un gâteau.

HENRI. Pourquoi il pleure?

SONIA. Parce que j'ai dit non. Il devient atrocement capricieux.

HENRI *(après un léger temps)*. Donne-lui un quartier de pomme.

SONIA. Il ne veut pas un quartier de pomme, il veut un gâteau et de toute façon il n'aura rien. On ne mange pas au lit, on mange à table, on ne mange pas au lit après s'être lavé les dents et maintenant je veux examiner ce dossier, j'ai un conseil à dix heures demain matin.

L'enfant continue de pleurer.
Henri sort. L'enfant s'arrête de pleurer.
Henri revient.

HENRI. Il veut bien un quartier de pomme.

SONIA. Il n'aura ni pomme ni rien, on ne mange pas au lit, le sujet est clos.

HENRI. Va lui dire.

SONIA. Arrête.

HENRI. J'ai dit oui pour la pomme, je croyais que la pomme c'était possible. Si tu dis non, va lui dire, toi.

SONIA *(après un temps)*. Apporte-lui un quartier de

4 **atrocement** (adv., fam.): entsetzlich, fürchterlich.
5 **capricieux, se:** launisch.
6 **léger, ère:** kurz.
le quartier: das Viertel.
12 **le conseil:** hier: (Ausschuss-)Sitzung.
19 **clos, e:** abgeschlossen, beendet.

pomme et dis-lui que tu le fais en secret de moi. Dis-lui que je suis contre et que tu le fais uniquement parce que tu as dit oui mais que moi je ne dois pas le savoir car je suis radicalement opposée à toute nourriture au lit.

HENRI. Je la pèle?

SONIA. Oui.

Il sort.
Un temps. Il revient.

HENRI. Il veut que tu lui fasses un câlin.

SONIA. J'ai déjà fait un câlin.

HENRI. Retourne lui faire un petit câlin.

SONIA. On va retourner combien de fois dans sa chambre?

HENRI. Un petit câlin. Je l'ai calmé, il va dormir.

Elle sort. Un temps.
L'enfant pleure. Elle revient.
S'assoit en silence. Reprend son dossier.

HENRI. Qu'est-ce qu'il a encore?

SONIA. Il veut la pomme en entier.

Un temps.
Chacun reprend son occupation.

HENRI. Pourquoi on ne lui donne pas la pomme en entier? C'est bon qu'il aime les fruits.

SONIA. Il n'aura plus rien.

1 **en secret de qn:** ohne jds. Wissen.
6 **peler qc:** etwas schälen.
10 **faire un câlin à qn** (fam.): mit jdm. schmusen (*le câlin:* Zärtlichkeit, Liebkosung).

HENRI. Si tu veux, je la pèle et je lui apporte.

SONIA. Pourris-le. Je m'en fous. Je me désintéresse.

HENRI *(en direction de l'enfant)*. Arnaud, dodo!

SONIA. Qu'est-ce qu'il est chiant.

HENRI. Dodo!

SONIA. Plus tu cries dodo plus tu l'excites.

HENRI. On ne va pas passer la soirée à l'entendre pleurnicher. Je ne comprends pas cette rigidité. Qu'est-ce qu'une petite pomme va changer dans la nuit des temps?

SONIA. Si nous cédons sur la pomme, il saura qu'on peut céder sur tout.

HENRI. On n'a qu'à lui dire qu'on cède sur la pomme ce soir exclusivement ce soir, par gentillesse et parce que nous sommes fatigués de l'entendre geindre.

SONIA. Certainement pas parce que nous sommes fatigués de l'entendre geindre!

HENRI. Oui, bien sûr, c'est ce que je voulais dire, nous

2 **pourrir qn** (fig.): jdn. verziehen, verderben.
je m'en fous (pop.): das ist mir (scheiß)egal, ich pfeif drauf.
se désintéresser de qc: das Interesse an etwas verlieren, sich mit etwas abfinden.
3 **dodo!** (enf.): schlaf!
4 **être chiant, e** (pop.): zum Kotzen, eine Nervensäge sein.
6 **exciter qn:** jdn. aufregen.
8 **pleurnicher** (fam.): rumheulen, flennen.
la rigidité: Härte, Strenge.
9f. **dans la nuit des temps** (fig.): in grauer Vorzeit; hier etwa: im Angesicht der Ewigkeit.
11 **céder sur qc:** bei etwas nachgeben.
14 **exclusivement** (adv.): ausnahmsweise.
la gentillesse: Nettigkeit.
15f. **geindre:** jammern.

ne céderons plus dorénavant, surtout s'il geint à la moindre contrariété ce qui ne fera que nous raidir.

SONIA. Lui dire que nous sommes fatigués de l'entendre geindre est la pire phrase que tu pouvais trouver. C'est inimaginable que tu puisses même formuler une phrase pareille.

HENRI. Nous sommes *fatigués* de l'entendre geindre au sens générique du terme. Nous en avons *assez* qu'il geigne d'une façon générale.

SONIA. D'où la pomme en entier.

HENRI. D'où la pomme, d'où l'ultime pomme en tant qu'exception.

Sonia lit.
Henri sort.
Très vite l'enfant cesse de pleurnicher. Henri revient.

HENRI. Il était content. En fait, tu sais, je crois vraiment qu'il avait faim. Je lui ai expliqué qu'il fallait impérativement changer de comportement. Impérativement. Il veut un câlin. Juste un petit câlin.

SONIA. Non.

HENRI. Un petit câlin.

1 **dorénavant** (adv.): von jetzt an, in Zukunft.
1 f. **le/la moindre:** der, die, das Geringste.
2 **la contrariété:** Unannehmlichkeit, Verärgerung, Ärger.
raidir qn: jdn. verhärten, unnachgiebig machen.
5 **inimaginable:** unvorstellbar.
8 **au sens générique du terme:** im wahrsten Sinne des Wortes (*générique:* Gattungs…, gattungsmäßig; *le terme:* Begriff, Wort).
11 **ultime:** letzte(r, s).
11 f. **en tant que:** als.
18 **impérativement** (adv.): unbedingt, notwendigerweise.
le comportement: Verhalten.

SONIA *(l'imitant bêtement)* … un petit câlin.
HENRI. Je lui ai dit que tu venais.

Sonia se lève.

HENRI *(en direction de l'enfant).* Maman arrive!

Sonia sort.
Henri reste seul.
Assez vite l'enfant pleure.
Sonia revient.

SONIA. Je ne retournerai plus une seule fois, sache-le.
HENRI. Qu'est-ce qui se passe? À chaque fois que tu y vas, il pleure.
SONIA. Qu'est-ce que ça veut dire?
HENRI. Je ne sais pas. À chaque fois que tu vas dans sa chambre, il recommence à pleurer.
SONIA. Et alors?
HENRI. Quand moi j'y vais, il se calme, il s'apprête à s'endormir gentiment.
SONIA. Et quand moi j'y vais, il hurle à la mort.
HENRI. Qu'est-ce que tu lui as dit?
SONIA. Pour qu'il hurle à la mort?
HENRI. Écoute, avoue que c'est curieux, on dirait que tu l'énerves à chaque fois.
SONIA. Tu sais ce qu'il voulait? Il ne voulait pas «un

1 **bêtement** (adv.): blöd, doof.
16 **s'apprêter à faire qc:** sich anschicken etwas zu tun, sich zu etwas bereitmachen.
17 **gentiment** (adv.): lieb.
18 **hurler à la mort** (fig.): wie am Spieß schreien (*hurler:* schreien, brüllen).
22 **énerver qn:** hier: jdn. aufregen.

petit câlin», il voulait une histoire. Il voulait écouter une quatrième histoire en croquant sa pomme.

HENRI. Arnaud, dodo!

SONIA. La ferme, Arnaud!

HENRI. Comment tu lui parles?

SONIA. Ta gueule, Arnaud!

HENRI. Tu es complètement cinglée!

SONIA. Il se tait. Tu vois.

HENRI. Il se tait parce qu'il est traumatisé.

SONIA. Toi tu ne traumatises personne, c'est sûr. Ni ton fils ni Hubert Finidori.

HENRI. Quel rapport avec Hubert Finidori?

SONIA. J'aimerais t'enregistrer quand tu lui parles au téléphone. Le ton obséquieux et arrangeant.

L'ENFANT *(de la chambre)*. Papa!

HENRI. Oui, mon chéri. *(En sortant.)* Tu m'expliqueras ce que Hubert Finidori vient faire dans cette conversation.

Sonia a repris sa lecture.
Henri revient.

HENRI. Il est bouleversé. *(Elle ne réagit pas.)* Il ne peut pas comprendre cette violence de la part d'une mère.

2 **croquer qc:** (an) etwas knabbern, etwas essen.
4 **la ferme!:** *ferme ta gueule!* (pop.): halt die Klappe!, halt's Maul (*la gueule*, pop.: Maul).
6 **ta gueule!:** *ferme ta gueule!*
7 **cinglé, e** (fam.): übergeschnappt.
9 **traumatisé, e:** geschockt.
12 **le rapport:** Beziehung, Verbindung.
13 **enregistrer:** aufnehmen, aufzeichnen.
14 **obséquieux, se:** unterwürfig, kriecherisch.
arrangeant, e: umgänglich, entgegenkommend.
20 **bouleversé, e:** durcheinander, verwirrt.

SONIA. Le pauvre chou.

HENRI. Sonia, tu continues avec ce ton et l'autre continue à faire chier, moi je me tire.

SONIA. Tire-toi.

HENRI. Je me tire et je ne reviens pas.

SONIA. Qui te retient?

Henri arrache le dossier des mains de Sonia et le jette à terre.

HENRI. Va embrasser le petit, va lui dire que tu regrettes d'avoir parlé avec cette disproportion.

SONIA. Lâche-moi!

HENRI. Je ne te lâche pas tant que tu ne t'es pas excusée.

SONIA. M'excuser de quoi? Tu ne pourrais pas une seule fois dans ta vie être de mon côté! M'excuser de quoi? De ne pas lui avoir apporté un paquet de Fingers? Tu veux un paquet de Fingers, Arnaud?

HENRI. Tu es hystérique!

SONIA. Tu veux la boîte de Fingers, Arnaud!

HENRI. Arrête!

SONIA. Papa arrive avec la boîte de Fingers!

Henri tente de la bâillonner avec sa main.

1 **le pauvre chou:** der arme Schatz, Liebling (*le chou:* Kohlkopf; hier, fig.: Kosename für Kinder).

3 **faire chier qn** (fig.): jdm. auf den Geist gehen (*chier*, vulg.: scheißen).

se tirer (fam.): abhauen, sich verziehen.

10 **la disproportion:** Unverhältnismäßigkeit.

12 **tant que:** solange.

16 **Fingers:** Kekssorte (mit Schokolade überzogene Kekse der Firma Cadbury).

21 **tenter de faire qc:** versuchen etwas zu tun.

bâillonner qn: jdm. den Mund zuhalten, jdn. knebeln.

L'ENFANT *(de sa chambre).* Papa!

HENRI. Ça suffit, Arnaud! *(Ils luttent.)*

SONIA. Pourquoi tu lui dis ça suffit, le pauvre, c'est nous qui lui proposons des Fingers!

HENRI. Chut!

SONIA. Tu m'étouffes!

HENRI. Il entend tout!

SONIA. Au secours!

On les quitte brutalement, en pleine action.

* * *

Soir. Dans la rue.

INÈS. J'ai filé mon collant!

HUBERT. Ça ne se voit pas.

INÈS. Parce que c'est le début. Ça ne va faire qu'empirer.

HUBERT. Ce n'est pas très grave.

INÈS. Hubert, je ne vais pas chez des gens que je ne connais pas avec un bas filé.

HUBERT. Nous avons déjà une demi-heure de retard, nous ne pouvons ni retourner à la maison ni chercher dans la nuit un marchand de collants. Assumons l'incident.

2 **lutter:** kämpfen, ringen.
5 **chut!** (interj.): pst!, still!
6 **étouffer qn:** jdn. ersticken.
8 **au secours!:** Hilfe! (*le secours:* Hilfe).
11 **filer qc:** hier: sich eine Laufmasche in etwas reißen.
le collant: Strumpfhose.
13 f. **empirer:** schlimmer werden.
17 **le bas:** Strumpf.
20 f. **assumer qc:** zu etwas stehen.

INÈS. Tu m'as pressée, voilà le résultat. C'est encore loin? Pourquoi tu t'es garé si loin? Il y a toutes les places qu'on veut ici, qui veut habiter là?

HUBERT. Tu n'as pas du vernis à ongles?

INÈS. Du vernis à ongles?

HUBERT. Pour résoudre le collant.

INÈS. Et avoir l'air d'une clocharde?

HUBERT. Il est neuf heures vingt.

INÈS. Je ne peux pas arriver avec un bas filé!

HUBERT. Qui voit ça?

INÈS. Qui voit ça? Tout le monde à part toi, quelqu'un arrive chez moi avec un bas filé, la première chose que je vois c'est le bas filé.

HUBERT. Tu n'as qu'à dire à la femme d'Henri que tu viens de filer un bas dans l'ascenseur, que tu es très gênée, avec un peu de chance elle va t'en prêter un, Inès, on se fout de ces gens, il n'a rien publié depuis trois ans, il a besoin de mon appui pour passer directeur de recherches, que tu arrives avec un bas filé ou non, ils seront courbés en deux.

* * *

À nouveau chez Sonia et Henri.
Ils reviennent ensemble de la chambre d'enfant.

2 **se garer:** parken.
4 **le vernis à ongles** (m.): Nagellack.
6 **résoudre qc:** etwas lösen; hier: das Problem mit etwas lösen.
7 **le clochard / la clocharde:** Penner(in).
15f. **je suis gêné, e:** es ist mir peinlich (*gêné, e:* verlegen).
18 **un appui:** Unterstützung.
18f. **passer directeur:** zum Direktor befördert werden.
19 **la recherche:** Forschung.
20 **être courbé, e en deux** (fig.): sich unterwürfig verbeugen, katzbuckeln.
21 **à nouveau:** erneut, wiederum.

HENRI. Tu l'as paniqué.

SONIA. Henri, nous venons d'en parler, on ne va pas recommencer.

HENRI. Un enfant de six ans, entendre sa mère crier au secours. Imagine.

SONIA. Il est rassuré, le sujet est clos.

HENRI. Dans sa propre maison! Dans sa propre maison! Ce qui signifie que l'agresseur ne peut être que moi. Son père.

SONIA. Arnaud a admis qu'on plaisantait.

HENRI. Pour nous faire plaisir. Il est beaucoup plus malin que tu ne crois.

SONIA. Le sujet est clos. *(Elle se replonge dans ses dossiers.)*

HENRI. Donc je parle d'un ton obséquieux à Hubert Finidori?

On sonne.

SONIA *(à voix basse).* Qui est-ce?

HENRI *(idem).* Je vais regarder.

Il revient aussitôt.
Tout ce qui suit, à voix basse:

HENRI. Les Finidori!

SONIA. C'est demain!

HENRI. On est le 17… C'est ce soir.

1 **paniquer qn:** jdn. in Schrecken versetzen, jdm. Angst machen.
8 **un agresseur:** Angreifer.
10 **admettre qc:** etwas akzeptieren.
12 **malin, maligne:** schlau, pfiffig.
13 **se replonger dans qc** (fig.): sich wieder in etwas versenken (*plonger:* tauchen).
19 **idem** (lat.): genauso.

SONIA. C'est une catastrophe.

HENRI. Oui.

SONIA. Ils nous ont entendus?

HENRI. Qu'est-ce qu'on a dit?

SONIA. On ne peut pas ouvrir.

HENRI. On ne peut pas ne pas ouvrir.

SONIA. Qu'est-ce qu'on fait?

HENRI. Va te… va te recomposer un petit peu.

SONIA. On ouvre?

HENRI. Ils savent qu'on est là.

SONIA. C'est une catastrophe.

HENRI. Il reste quelque chose dans la cuisine?

SONIA. On a tout fini. Pour moi, c'était demain.

HENRI. C'était fondamental ce dîner pour moi!

SONIA. Tu m'accuses!

HENRI. Va te changer au moins.

SONIA. Non.

HENRI. Tu ne vas pas recevoir les Finidori en robe de chambre!

SONIA. Si.

HENRI *(il la pousse vers le fond de l'appartement en essayant de ne pas faire de bruit)*. Va t'habiller, Sonia!

SONIA *(elle résiste à sa pression)*. Non.

HENRI *(ils luttent en silence)*. Comment peux-tu être si égoïste?

8 **se recomposer:** sich zurechtmachen.
16 **se changer:** hier: sich umziehen.
21 **le fond:** hinterer Teil.
24 **résister à qc:** einer Sache widerstehen.
la pression: Druck.

Nouvelle sonnerie.

HENRI. J'ouvre.

* * *

Inès, Hubert, Sonia et Henri dans le salon.
Les deux invités picorent divers mets froids (chips, Babybel, boîte de Fingers, etc.) posés sur un plateau. Sonia et Henri les accompagnent en buvant.
Sonia s'est changée. Inès a conservé son bas filé.

INÈS. Moi aussi je suis très à cheval sur les rituels du coucher. D'abord l'heure, on se couche à huit heures, enfin bon on peut se coucher à huit heures et demie mais enfin disons entre huit heures et huit heures et demie, à huit heures trente quoi qu'il arrive on est au lit, dents ultra-lavées parce que le matin, honnêtement, je trouve ça difficile d'exiger le lavage des dents avant l'école, je reconnais que c'est un tort, en réalité il faudrait se brosser les

4 **un invité:** Gast.
picorer qc: etwas knabbern.
le mets: Gericht, Speise; hier: Kleinigkeiten zu essen.
4f. **Babybel:** Name einer Käsemarke (kleiner abgepackter runder Käse).
7 **conserver qc:** etwas aufbewahren; hier: etwas anbehalten.
8 **être à cheval sur qc** (fig.): etwas peinlich genau nehmen.
8f. **le rituel du coucher:** Gute-Nacht-Ritual (*le coucher:* hier: Ins-Bett-Gehen).
12 **quoi que** (+ subj.): was auch immer.
13 **ultra-lavé, e:** hier: perfekt geputzt.
14 **exiger qc:** etwas verlangen.
15 **reconnaître:** hier: eingestehen, zugeben.
16 **le tort:** Unrecht, Fehler.
16f. **se brosser les dents:** sich die Zähne putzen (*la brosse:* Bürste).

dents matin et soir minimum mais bon, je fais l'impasse sur le matin en revanche ils savent que le soir c'est vraiment à fond et qu'il est hors de question évidemment de manger quoi que ce soit ensuite, Hubert c'est curieux, il est d'accord avec les repères éducatifs, mais d'un autre côté il va les exciter en entamant une partie de foot avec eux, dans la chambre, à huit heures du soir.

Tout le monde rit.

HUBERT. Une fois. Une fois, j'ai joué au foot!

INÈS. Une fois tu as joué au foot mais tu les excites régulièrement.

HENRI. Et vous êtes très sévère sur les dents.

INÈS. Ah oui. Oui, très sévère sur les dents. Ce ne sont pas tellement les dents au fond, c'est la discipline. Encore que je sois aussi à cheval sur l'hygiène naturellement mais les dents, c'est la discipline. On se couche, on se lave les dents.

SONIA *(à Henri)*. Tu vois.

HENRI. Arnaud se lave les dents.

SONIA. Mais après tu lui pèles une pomme.

INÈS *(riant aimablement)*. Ah non. Non! Si vous lui pelez une pomme après les dents, vous rendez tout le système caduc.

1 f. **faire l'impasse sur qc** (fig.): etwas überspringen, auslassen (*une impasse:* Sackgasse).
2 **en revanche** (f.): dafür, dagegen.
3 **hors de:** außer.
5 f. **le repère:** Orientierungs-, Anhaltspunkt, Richtschnur.
6 **éducatif, ve:** erzieherisch, Erziehung…
7 **entamer qc:** etwas anfangen.
16 **encore que** (+ subj.): obwohl.
24 **caduc, caduque:** unwirksam, hinfällig.

HENRI. Quand je me lave les mains, il est rare que je ne touche plus à rien ensuite.

HUBERT. Bravo, Henri. Elles nous tuent avec leurs théories. Il faudrait des femmes qu'on puisse éteindre de temps en temps. Pas mauvais ces petits gâteaux. *(Il croque les Fingers.)* Alors, où en êtes-vous avec l'aplatissement des halos?

HENRI. J'ai fini. Je soumets l'article avant la fin du mois.

HUBERT. Épatant. Cela dit vous devriez vérifier sur Astro PH, il m'a semblé voir une publication voisine, acceptée dans *A.P.J.*

L'ENFANT *(de la chambre)*. Maman!

HENRI *(atterré)*. Ah bon? Très récente alors?

HUBERT. Oui, oui, ce matin. «*On the flatness of galaxy halos*».

L'ENFANT. Maman!

HENRI. «*On the flatness of galaxy halos*»? C'est mon sujet! Qu'est-ce qu'il veut, Sonia, vas-y ma chérie!

Sonia sort.

4f. **éteindre:** auslöschen; hier: abschalten.
6f. **où en êtes-vous avec …?:** wie sieht es mit … aus?, wie weit sind Sie mit … vorangekommen?
7 **un aplatissement:** Abflachung.
le halo: Halo, Hof (Astronomie).
8 **soumettre qc:** etwas einreichen, vorlegen.
10 **épatant, e** (fam.): toll, super.
vérifier: nachlesen, überprüfen.
11 **Astro PH:** *Astrophysics* (Name einer Fachzeitschrift; unter der Adresse »astro-ph« ist das elektronische Textarchiv der Zeitschrift im Internet zugänglich).
la publication: Veröffentlichung.
12 **«A.P.J.»:** *Astrophysical Journal* (Name einer Fachzeitschrift).
14 **atterré, e:** am Boden zerstört.

HENRI. Vous me perturbez, Hubert.

HUBERT. Vérifiez avant de vous mettre martel en tête.

HENRI. J'ai laissé mon portable à l'Institut.

On entend l'enfant pleurer.

HENRI. Mais qu'est-ce qu'il a ce soir! «*On the flatness of galaxy halos*», c'est mon sujet! «*Are the dark matter halos of galaxies flat?*» Quelle différence?

HUBERT. Il traite peut-être de matière visible. J'ai lu l'abstract en vitesse. *(Croquant le dernier petit gâteau.)* Mais je dois dire que ça m'a troublé, c'est pour ça que je vous en informe.

INÈS *(tandis qu'on entend toujours l'enfant pleurer)*. Il vaut mieux qu'il lise avant de s'inquiéter.

HUBERT. Inès, mon cœur, n'interviens pas quand tu ne sais pas de quoi tu parles.

HENRI *(à voix forte)*. Qu'est-ce qu'il a, Sonia!

INÈS. Pourquoi l'oppresser à l'avance?

Sonia revient.
L'enfant a cessé de pleurer.

1 **perturber qn:** jdn. durcheinander bringen, verwirren.
2 **se mettre martel en tête** (fig.): sich Gedanken machen, sich verrückt machen (*le martel:* alte Form von *le marteau*).
3 **le portable:** hier: Laptop.
8 **traiter de qc:** von etwas handeln, etwas behandeln.
9 **un abstract** (angl.): kurze Zusammenfassung einer wissenschaftlichen Arbeit, Abstract.
10 **troubler qn:** jdn. beunruhigen, durcheinander bringen.
13 **s'inquiéter:** sich beunruhigen.
14 **intervenir:** sich einmischen.
17 **oppresser qn:** jdn. bedrücken, bedrängen.
à l'avance (adv.): im Voraus (*une avance:* Vorsprung).

SONIA. Il veut des Fingers.

HENRI. C'est dément.

SONIA. Il a eu la pomme, maintenant il veut les Fingers.

HUBERT *(soulevant le paquet vide).* J'espère que ce ne sont pas les friandises que je viens de manger?

SONIA. Si.

HENRI. Vous avez très bien fait! On ne va pas lui donner des Fingers à dix heures du soir. Au lit!

HUBERT. Je suis navré. Vous n'aviez pas un autre paquet?

INÈS. Mais enfin, Hubert, ils ne vont pas lui donner des Fingers à dix heures du soir au lit!

HENRI. Bien sûr que non!

SONIA. On peut lui donner du fromage.

HENRI. Sonia, qu'est-ce qui te prend?

SONIA. Tu préfères qu'il gâche la soirée? Au moins on sera tranquille.

INÈS. C'est tout ce qu'il espère.

SONIA. Pardon?

INÈS. Il se rend odieux pour que vous cédiez.

SONIA. Et nous cédons.

INÈS. Et vous avez tort.

HUBERT. Inès, voyons, ne te mêle pas de …

2 **dément, e:** verrückt, wahnsinnig.
5 **soulever qc:** etwas hochheben.
6 **la friandise:** Süßigkeit.
10 **je suis navré, e:** es tut mir sehr Leid (*navré, e:* betrübt).
16 **qu'est-ce qui te prend?** (fam.): was fällt dir denn ein?, bist du noch zu retten?
17 **gâcher qc:** etwas verderben.
21 **odieux, se:** unausstehlich.
24 **se mêler de qc:** sich in etwas einmischen.

INÈS. Je me mêle de ce que je veux, arrête de me brider!

HENRI *(à Sonia)*. Apporte-lui son fromage, apporte-lui ce que tu veux mais qu'il arrête de nous interrompre! Quelle était son approche? Modélisation d'observations ou simulations numériques?

HUBERT. Il m'a semblé modélisation mais encore une fois …

HENRI *(l'interrompant)*. Modélisation! Je suis foutu. Deux ans de travail foutus en l'air.

HUBERT. Quelle nervosité, Henri! Je dis modélisation mais peut-être est-ce simulation et attendez, peut-être n'a-t-il modélisé que la partie visible!

INÈS. C'est quoi votre sujet en français?

HENRI. Les halos de matière noire des galaxies sont-ils plats?

INÈS. Et d'après vous ils sont plats?

HENRI. D'après moi ils sont dix fois plus minces que longs.

INÈS. Ah bon …

SONIA *(revenant)*. Il ne veut pas de fromage, il ne veut rien, il veut des Fingers et ne vous sentez absolument pas gêné d'avoir terminé le paquet, il n'en aurait pas eu.

HENRI. Qu'est-ce qu'il fait?

1f. **brider qn:** jdn. gängeln.
5 **une approche:** Annäherung; hier: Vorgehensweise, Betrachtungsweise, Ansatz.
la modélisation: Modellbildung.
6 **la simulation numérique:** Computersimulation.
9 **être foutu, e** (pop.): geliefert, am Ende sein.
10 **foutu, e en l'air** (pop.): herausgeschmissen, vergeudet.

SONIA. Il pleure. J'ai fermé toutes les portes, comme ça on ne l'entend plus.

INÈS. Pauvre chou.

SONIA. Vous avez assez mangé? J'ai vraiment honte.

HENRI. Si on n'avait pas eu Arnaud, on vous aurait emmenés au restaurant.

HUBERT. Henri, quittez cet air sinistre. Même si vos approches sont similaires, ce qui n'est pas avéré, vos conclusions sont certainement différentes.

INÈS. Mais oui!

HUBERT. Et c'est une spécialiste qui vous parle!

INÈS. Tu ne fais rire personne. Et encore moins le pauvre Henri.

HUBERT. Je sais comment faire rire Henri! Henri, vous voulez rire, demandez à Inès de vous décrire un halo.

SONIA. Vous savez, Henri a déjà sa demeurée à domicile.

INÈS. Si vous croyez que je me vexe!

HENRI. C'est ma mort scientifique, cet article. Ça m'inquiète de ne plus entendre le petit. Laisse les portes ouvertes Sonia, s'il te plaît, j'ai déjà assez de soucis ce soir!

INÈS. Que voulez-vous qu'il arrive?

HENRI. Rien. Mais quand mon fils pleure, je préfère l'entendre.

7 **un air:** hier: Miene.
sinistre: trostlos, düster.
8 **similaire:** ähnlich.
avéré, e: erwiesen.
17 **le demeuré / la demeurée:** (geistig) Zurückgebliebene(r).
17 f. **le domicile:** Heim, Zuhause.
19 **se vexer:** wütend werden.

SONIA. Toi peut-être mais pas forcément nos invités.

INÈS. Laissez les portes ouvertes, ne vous gênez pas pour nous.

HUBERT. Ne vous gênez pas pour nous. *(Sonia retourne vers la chambre de l'enfant.)* De toute façon mon vieux, vous me paraissez légèrement fragile ce soir. Mort scientifique!

Sonia revient. On n'entend pas l'enfant.

HENRI. Trois ans sans publier pour se voir refuser un sujet parce que déjà traité, ça s'appelle comment? Mort scientifique.

HUBERT. Vous n'êtes pas aux États-Unis!

HENRI. C'est pire. Au moins les choses sont claires là-bas. On ne l'entend plus, il est calmé?

SONIA. On dirait.

HENRI. Tu n'as pas été le voir?

SONIA. Non.

HENRI. Ce n'est pas normal qu'il se soit arrêté de pleurer brutalement.

INÈS. Vous le surcouvez, Henri.

HUBERT. Elle est terrible! *(À Inès.)* Tu es terrible!

HENRI. Maintenant je vais devoir reprendre mon travail pour inclure le sien. Je vais devoir le citer, je vais devoir le citer et qui risque d'être mon rapporteur? Lui.

1 **forcément** (adv.): unbedingt, notwendigerweise.
20 **surcouver qn:** jdn. zu sehr umhegen, bemuttern.
23 **inclure qc:** etwas einschließen, berücksichtigen.
le sien / la sienne: der, die, das seine.
citer qn: jdn. zitieren.
24f. **le rapporteur:** Berichterstatter, Referent.

HUBERT. Et alors? Dans six mois vous me direz, c'est le meilleur rapporteur que j'ai jamais eu. Vous êtes au bout du rouleau mon vieux, pour dramatiser comme ça.

INÈS *(à Hubert)*. Mais toi quel besoin avais-tu de lui parler de cet article!

HENRI. Heureusement! Heureusement qu'il m'en a parlé! Merci, Hubert. Merci sincèrement.

SONIA. Merci de quoi? D'avoir ruiné ton week-end?

HENRI. Merci de m'éclairer. Merci de m'éviter de passer pour un guignol lundi matin au bureau. À l'heure qu'il est, Raoul Arestegui qui vit devant son écran, a déjà passé dix coups de fil.

HUBERT. Honnêtement, j'ai pensé qu'il fallait vous le dire mais je ne prévoyais pas ce saut dans l'irrationnel.

SONIA. Vous auriez pu lui dire autrement.

HUBERT. Ah bon? *(Hubert pioche dans un paquet de pistaches … vide.)*

HENRI *(empressé)*. Il n'y en a plus? Sonia, tu peux rapporter des petits salés, vous voulez encore du salé, du salé ou du sucré? Qu'est-ce qu'il nous reste, ma chérie?

2f. **être au bout du rouleau** (fig.): völlig entnervt sein.
10 **éviter qc à qn:** jdm. etwas ersparen.
11 **passer pour …:** als … gelten, für … gehalten werden.
le guignol: Kasper.
13 **le coup de fil:** Anruf, Telefonat.
15 **le saut:** Sprung.
18 **piocher:** grabbeln, wühlen.
19 **la pistache:** Pistazie.
20 **empressé, e:** übereifrig, beflissen, bemüht.
21 **le salé:** etwas Salziges, salziges Knabberzeug.

HUBERT. Non, non, ne vous dérangez pas …

SONIA. Vous auriez pu l'en avertir avec d'autres mots, avec des mots qui laissent flotter un parfum de flou et d'inimportance.

HUBERT. Nous sommes dans le domaine des sciences, ma petite Sonia. Les mots n'ont pas la vertu d'aromatiser l'atmosphère. Hélas. *(Il s'amuse de son trait et englobe Henri qui rit faiblement.)*

SONIA. Dans quelque domaine que vous vous placiez, ils ont eu la vertu de plonger mon mari dans le désarroi.

HUBERT. Ce sont les faits qui plongent Henri dans le désarroi. Un désarroi, parfaitement disproportionné!

SONIA. Les faits présentés par vous. En vue de son désarroi.

HENRI. Tu es folle. Enfin, Sonia, c'est ridicule.

HUBERT *(conservant un principe de jovialité)*. Je n'aimerais pas l'avoir comme adversaire dans un prétoire!

1 **se déranger:** sich bemühen, sich Mühe, Umstände machen.
2 **avertir qn:** jdn. in Kenntnis setzen, vorwarnen.
3 **flotter:** schweben.
le flou: Unbestimmtheit, Unklarheit.
4 **une inimportance:** Unwichtigkeit.
5 **le domaine:** Gebiet.
6 **la vertu:** Tugend; hier: Wirkung.
7 **hélas!:** leider!, wie schade!.
le trait (litt., iron.): (geistreiche) Bemerkung.
8 **englober qn:** jdn. einbeziehen.
10 **plonger qn dans qc:** jdn. in etwas stürzen.
10f. **le désarroi:** Verwirrung, Verzweiflung.
15 **en vue de qc:** angesichts von etwas.
18 **conserver qc:** hier: etwas bewahren, beibehalten.
19 **un adversaire:** Gegner.
le prétoire: Gerichtssaal.

SONIA. Je n'y suis plus depuis des années, je travaille pour un groupe financier.

HUBERT. Mais vous savez toujours manier les mots qui … comment déjà? …

HENRI. Sonia, nos amis ont encore faim.

SONIA. Vous voulez des Apéricubes?

INÈS. Non merci.

HUBERT. Ah des Apéricubes, oui j'aime bien les Apéricubes.

Sonia sort.

HENRI. Un petit alcool?

HUBERT. Merci, je reste au sancerre.

INÈS. C'est important que les halos soient plats?

HUBERT. Logique féminine! Elle me reproche d'avoir parlé et elle remet le sujet sur le tapis. *(Sonia est revenue.)* Apéricubes au bacon! Mes préférés!

INÈS. C'est important?

HENRI. Quand vous regardez la Voie lactée, ça fait comme une ligne? …

INÈS. Oui.

L'ENFANT. Maman!

SONIA. Dodo, Arnaud!

2 **financier, ière:** Finanz…
3 **manier qc:** etwas beherrschen, geschickt umgehen mit etwas.
6 **une Apéricube:** zum Aperitif angebotene kleine eingepackte Käsewürfel, z. B. mit Schinkengeschmack.
11 **un alcool:** hier: ein Glas Schnaps.
12 **le sancerre:** Name einer Weinsorte.
15 **remettre un sujet sur le tapis** (fig.): ein Thema wieder aufs Tapet, zur Sprache bringen.
16 **le bacon** (angl.): Schinken, Speck.
18 **la Voie lactée:** Milchstraße.

HENRI. … Eh bien moi, j'ai de sérieuses raisons de penser que la distribution de matière invisible qui l'entoure est quasiment aussi plate que la matière visible.

L'ENFANT. Maman! J'ai soif!

HENRI. Il a soif.

INÈS. Et qu'est-ce que ça change?

HENRI. Tout. Jusqu'à aujourd'hui le halo était rond. Il était sphérique! *(À Sonia.)* Tu ne vas pas lui apporter un petit verre d'eau?

SONIA. Non.

INÈS. Et qu'est-ce que ça change que le halo ne soit plus rond?

HENRI. Dans notre vie de tous les jours, rien.

HUBERT. Tu l'embêtes Inès avec ces questions ineptes!

L'ENFANT. Maman!

HENRI. On modifie une donnée de la réalité. On contribue à l'encyclopédie de l'humanité. Sonia, chérie, apporte-lui à boire, il ne va pas monopoliser la soirée!

INÈS. Quel âge a-t-il?

SONIA. Six ans.

INÈS. Il ne sait pas se servir à boire tout seul?

SONIA. Non.

3 **entourer qc:** etwas umgeben.
quasiment (adv.): fast.
15 **embêter qn** (fam.): jdn. langweilen, nerven.
inepte: dumm, albern.
17 **modifier qc:** etwas abändern, verändern.
la donnée: (bislang als gültig angesehene) Gegebenheit, Tatsache.
17 f. **contribuer à qc:** zu etwas beitragen, einen Beitrag leisten.
18 **l'humanité** f.: Menschheit.
19 **monopoliser qc:** hier (fig.): etwas total in Beschlag nehmen.

HENRI. Mais si, il sait très bien, seulement nous ne voulons pas qu'il sorte de son lit.

SONIA. Il est incapable de se servir tout seul à boire.

HENRI. Il en est tout à fait capable mais il n'a pas le droit de sortir du lit.

SONIA. Arnaud ne sait pas se servir à boire tout seul.

HENRI. Bien sûr que si!

INÈS. À six ans, on sait se servir à boire tout seul.

SONIA. Pas notre fils.

HENRI. Arnaud sait parfaitement se servir à boire tout seul, enfin Sonia!

HUBERT. À mon avis il sait le faire mais il préfère se faire servir.

HENRI. Voilà!

HUBERT. C'est un pacha ce petit! *(Sonia sort.)* Je l'ai vexée?

HENRI. Mais non.

INÈS. Vous avez tort de céder à tous ses caprices.

HUBERT. De quoi je me mêle, Inès.

INÈS. Comment de quoi je me mêle! Qui vient de dire c'est un pacha?

HUBERT. Je dis c'est un pacha en plaisantant. Je ne donne pas de leçons.

HENRI. Deux ans de travail foutu en l'air.

HUBERT. Henri, par pitié!

HENRI. Trois ans sans publier, même en dernier auteur, en Amérique on expédie ces gens-là dans l'enseignement.

18 **le caprice:** Laune.
27 **expédier qn** (fam.): jdn. (weg)schicken, abschieben; (iron.) jdn. befördern.

Sonia revient et se dirige vers le plateau; elle cherche quelque chose.

SONIA. Il n'y a plus d'Apéricubes?

HENRI. Pour qui, pour le petit?

SONIA. Le petit a eu son verre d'eau et il accepte de ne plus nous emmerder si on lui donne une soucoupe d'Apéricubes.

HUBERT *(cherchant)*. Ne me dites pas que j'ai fini les Apéricubes!

HENRI *(trouvant)*. Il y en a un! Il en reste un.

HUBERT. Deux!

HENRI. Deux Apéricubes, ça suffit, non?

Sonia repart avec les Apéricubes.

INÈS *(à Henri)*. Vous pensiez être le seul à avoir cette idée?

HUBERT. Quelle idée, chérie?

INÈS. Hubert, s'il te plaît, cesse de contrôler ma conversation!

HUBERT. Je ne contrôle pas ta conversation ma chérie, je n'avais pas compris ta question …

INÈS. Tu l'avais parfaitement comprise et elle ne s'adressait pas à toi, et tu l'avais parfaitement comprise, et ce petit ton d'ironie permanent appliqué à tout ce que je dis comme si j'étais une débile est insupportable.

L'enfant pleure.

6 **emmerder qn** (pop.): jdn. belästigen, jdm. Schwierigkeiten machen.
6f. **la soucoupe:** Untertasse.
23 **appliquer qc à qc:** etwas auf etwas anwenden.
24 **le/la débile:** Schwachsinnige(r).

HUBERT. Tu fais pleurer l'enfant.

HENRI. Qu'est-ce qu'il a, Sonia, merde!

HUBERT. Calmez-vous, calmons-nous, tout ça prend des proportions.

SONIA *(revenant)*. Deux Apéricubes ne suffisaient pas, il a eu une fessée, je ne veux plus en entendre parler.

HENRI. Tu as fermé les portes?

SONIA. Oui.

Un léger temps.

HUBERT. Vous êtes ici depuis longtemps?

SONIA. Un an et demi.

HUBERT. Et avant?

SONIA. Dans le quatorzième.

HUBERT. C'est mieux ici. C'est plus tranquille.

SONIA. Oui.

HUBERT. Et vous n'exercez plus comme avocate?

SONIA. Non.

HUBERT. Henri m'avait dit que vous étiez avocate, je croyais que vous exerciez comme avocate.

SONIA. J'ai une formation d'avocate.

HUBERT. C'est ça.

HENRI. Une femme brillante et un raté.

HUBERT. Nous ne relevons pas.

SONIA. Et vous, Inès, que faites-vous?

3 f. **prendre des proportions** (f.): Ausmaße annehmen.
6 **la fessée:** Tracht Prügel.
14 **le quatorzième:** Arrondissement in Paris.
17 **exercer comme avocat, e:** als Anwalt, Anwältin tätig sein.
21 **la formation:** Ausbildung.
23 **le raté:** Versager.
24 **relever qc:** etwas wieder aufnehmen.

INÈS. Rien. C'est-à-dire plein de choses, je n'ai jamais été aussi occupée que depuis que j'ai cessé de travailler.

HUBERT. C'est pourquoi je ne lui demande jamais rien. Ne demande jamais un service à quelqu'un qui ne fait rien. Il n'aura pas le temps de te le rendre. *(Il s'amuse lui-même de son trait.)*

INÈS. Mon mari ne sait se divertir qu'à mes dépens. Je me demande ce qu'il deviendrait en société sans moi. *(À Henri.)* Vous n'avez pas répondu à ma question.

HENRI. Qui était?

HUBERT. Le plasma intergalactique est-il multiphasé? *(Il rit de très bon cœur de son espièglerie.)*

Sonia rit malgré elle.
Henri rit à la traîne.
Inès est de marbre.

HENRI *(alors que l'hilarité des deux autres ne s'éteint pas)*. Vous me demandiez si mon sujet avait été envisagé par d'autres.

INÈS. Merci Henri.

1 **plein de choses** (fam.): viele Dinge.
5 **le service:** Gefälligkeit, Dienst.
8 **se divertir:** sich amüsieren, vergnügen.
aux dépens (m.) **de qn:** auf jds. Kosten.
14 **rire de bon cœur:** von ganzem Herzen lachen.
une espièglerie: Schelmenstück, Schalkhaftigkeit.
15 **malgré elle:** entgegen ihrem Willen.
16 **à la traîne** (fam.): zu spät.
17 **de marbre:** versteinert (*le marbre:* Marmor).
18 **une hilarité:** Heiterkeit, Gelächter.
19f. **être envisagé, e:** ins Auge gefasst werden, angegangen werden.

HENRI. Je pensais être le premier à m'être attaqué à sa résolution. Même si la question était d'actualité.

INÈS. Vous m'avez dit que votre découverte ne servait à rien aujourd'hui.

HUBERT. D'actualité ça veut dire dans l'air mon trésor, dans l'esprit du temps. Oh, tenez, il reste encore un Apéricube!

SONIA. Mangez-le.

HUBERT. Vous plaisantez, je suis déjà assez mal avec l'enfant. Cela dit, quand on commencera à se promener dans les galaxies, dans mille ans, on tiendra compte des calculs d'Henri.

HENRI. Ou de mon concurrent.

L'ENFANT *(d'une voix hurlante et déchirée).* Papaaa! Papaaaa! …

HENRI. Ah non, ça suffit maintenant, je vais l'assommer! Excusez-moi deux minutes … *(Il va pour sortir.)*

SONIA. Je viens avec toi.

HUBERT. Donnez-lui l'Apéricube, donnez-lui l'Apéricube!

Absurdement, Henri revient sur ses pas pour prendre l'Apéricube.
Ils sortent.
Inès et Hubert restent seuls.
À voix basse.

1 **s'attaquer à qc:** sich an etwas heranmachen.
2 **la résolution:** (Auf-)Lösung.
5 f. **le trésor:** Schatz.
11 f. **tenir compte de qc:** etwas berücksichtigen.
14 **déchiré, e:** hier (fig.): herzzerreißend.
16 f. **assommer qn:** jdn. erschlagen, niederstrecken.

HUBERT. Ils sont cinglés.

INÈS. Lui surtout.

HUBERT. Et l'enfant est effrayant.

INÈS. Il n'a aucun repère, ils lui donnent du fromage à dix heures du soir.

HUBERT. Et nous on a bouffé de la merde.

INÈS. Pourquoi tu me rabaisses devant les gens? Je voudrais comprendre ce besoin pathologique que tu as de me rabaisser constamment devant les gens.

HUBERT. Je ne te rabaisse pas, je plaisante.

INÈS. «Demandez à Inès de vous décrire un halo», tu trouves ça désopilant?

HUBERT. J'ai essayé de détendre l'atmosphère, tu as vu dans quel état il s'est mis.

INÈS. Grâce à qui?

HUBERT. Inès, je ne supporte plus cette litanie …

INÈS. Chut! …

HUBERT *(reprend à voix feutrée et de ce fait encore plus exaspéré)* … cette litanie de remontrances à chaque fois que nous allons quelque part …

INÈS. Tu avais besoin de lui parler de cette article?

HUBERT. Tu hurles, toi aussi.

3 **effrayant, e:** beängstigend, schrecklich.
6 **bouffer qc** (fam.): etwas essen.
7 **rabaisser qn:** jdn. herabsetzen, abwertend behandeln.
8 **le besoin:** Bedürfnis.
pathologique: krankhaft.
9 **constamment** (adv.): ständig.
12 **désopilant, e:** wahnsinnig lustig, komisch.
13 **détendre qc:** etwas entspannen.
16 **la litanie:** Litanei.
18 **feutré, e:** gedämpft.
19 **exaspéré, e:** verzweifelt.
la remontrance: Vorhaltung.

INÈS. Il est très dépressif ce garçon.

HUBERT. On le serait à moins.

INÈS. Ah bon?

HUBERT. Dans un système concurrentiel, ce qui compte ce n'est pas d'avoir les bonnes idées, c'est de gagner au jeu. Déjà il peut dire adieu à sa promotion.

HENRI *(off)*. Encore un mot, encore un appel et je mettrai ma menace à exécution!

INÈS. Comment peux-tu être aussi froid!

HUBERT. Je ne suis pas froid, il est maudit. Il y a des gens qui sont maudits, c'est triste mais on n'y peut rien. Tu sais que c'est vraiment impossible ce bas filé, ça me gêne depuis le début de la soirée.

INÈS *(elle le frappe d'un coup désespéré)*. Qui m'a obligée à monter! Je savais que c'était affreux …

SONIA *(revenant)*. Qui est maudit? Mon mari?

HUBERT. Henri? Maudit? Vous voulez rire! Il n'y a que lui pour se croire maudit! Nous parlions d'un ami, Serge Bloch, qui après avoir été inondé …

INÈS *(l'interrompant)*. Nous parlions d'Henri.

HUBERT *(jovial)*. Il y a un vrai vent de folie ce soir dans cette maison! Elle me hait parce que je viens de lui faire remarquer son bas filé.

4 **concurrentiel, le:** von Konkurrenz geprägt, rivalisierend.
6 **la promotion:** Beförderung.
7 **off** (angl.): im Hintergrund, hinter der Bühne.
un appel: Ruf.
8 **la menace:** Drohung.
mettre qc à exécution: etwas realisieren, wahrmachen (*une exécution:* Ausführung).
10 **maudit, e:** verdammt.
14f. **obliger qn à faire qc:** jdn. zu etwas zwingen.
19 **inondé, e:** überschwemmt.
22 **haïr qn:** jdn. hassen.

INÈS *(très vivement)*. Tu ne viens pas de me le faire remarquer, ce collant était filé dans la rue et je ne voulais pas me présenter devant tes amis en romanichelle, j'étais très gênée d'arriver comme ça chez vous, je m'apprêtais à m'excuser et à vous emprunter une paire de collants mais comme vous étiez vous-mêmes gênés de nous voir arriver la veille pour le lendemain j'ai opté pour faire comme si de rien n'était, une attitude aristocratique qui m'a coûté car vous ne le savez naturellement pas mais je suis une femme plutôt maniaque et mon mari au lieu de me soutenir dans cette voie, au lieu de prendre soin de ma dignité, ne trouve rien de mieux à faire que de m'agresser en pleine conversation, de me dire que ce collant filé est impossible et que je lui gâche sa soirée ...

HUBERT. J'ai peur qu'Inès n'ait un peu abusé du sancerre!

INÈS. Ne t'abaisse pas à me faire passer pour une poivrote Hubert, contente-toi de tes gausseries habituelles ...

1 **vivement** (adv.): lebhaft, hitzig.
3f. **le romanichel / la romanichelle** (péj.): Zigeuner(in).
7 **la veille:** Vorabend.
8 **le lendemain:** nächster Tag.
opter pour qc: sich für etwas entscheiden, etwas wählen.
11 **maniaque:** pedantisch, pingelig.
13 **la dignité:** Würde.
14 **en pleine conversation** (f.): mitten im Gespräch.
17 **abuser de qc:** etwas missbrauchen; hier: einer Sache zu sehr zusprechen, von etwas zu viel genossen haben.
19 **s'abaisser à faire qc:** sich herablassen etwas zu tun.
20 **le poivrot / la poivrote** (fam.): Trinker(in).
se contenter de qc: sich mit etwas zufrieden geben.
la gausserie (litt.): Scherz, Witz.

SONIA. Je n'ai que des collants noirs, je n'ai plus aucun collant chair, je ne sais pas si ça irait …

INÈS. Tout va très bien. Ne vous inquiétez pas pour moi, d'ailleurs je suis heureuse de rester avec une tenue qui gâche la soirée de mon mari …

HENRI *(revenant)*. Au moindre appel, à la moindre manifestation, je fais disparaître la minicassette!

HUBERT. Bravo!

HENRI. Cette soirée est un peu décousue, non? Je suis désolé.

SONIA *(à Inès)*. Vous savez, ça n'a aucune importance, pour vous dire la vérité j'ai failli vous recevoir en robe de chambre, Henri m'a suppliée de m'habiller, je ne pouvais pas recevoir les Finidori en robe de chambre!

HUBERT. Henri, quel formalisme!

SONIA. Avec vous seulement, mon mari se fout des formes en temps ordinaire, sauf avec vous. Avec Hubert Finidori mon mari adopte un ton finidorien, se voûte et veut qu'on s'habille.

HENRI. Qu'est-ce que ça veut dire, je me voûte, qu'est-ce que ça veut dire un ton finidorien, qu'est-ce que c'est que ce discours? Qu'est-ce que c'est que ce discours, Sonia?

2 **chair:** fleischfarben.
5 **la tenue:** Kleidung.
7 **la manifestation:** Äußerung, Sich-Bemerkbar-Machen.
disparaître: verschwinden.
la minicassette: kleiner Kassettenspieler.
9 **décousu, e:** wirr, konfus.
9f. **être désolé, e:** bedauern (*désolé, e:* betrübt).
12 **faillir faire qc:** fast, beinahe etwas tun.
13 **supplier qn de faire qc:** jdn. inständigst bitten etwas zu tun.
19 **se voûter:** sich verbeugen, buckeln.
22 **le discours:** Sprache, Rede.

HUBERT. Et que me vaut ce traitement de faveur? Je feins, notez, de ne pas saisir le fiel qu'il y a dans tout ça.

SONIA. Ce traitement de faveur parce que mon mari s'imagine que vous pouvez le faire passer en rang A.

HUBERT. En rang A! Elle s'y connaît, dites donc, elle a même le jargon!

INÈS. Hubert!

HENRI. Sonia, je suis consterné!

HUBERT. Henri est C.R. à l'I.A.P. et moi directeur de labo à Meudon, en quoi suis-je chargé de son recrutement?

SONIA. Vous faites partie d'un comité national, vous pouvez statuer sur la promotion des gens qui ne sont pas de votre labo.

HENRI. Hubert, je ne sais pas quelle mouche l'a piquée, tout ça est absurde, je suis navré.

SONIA. Un exemple du ton finidorien.

1 **de faveur:** begünstigt, bevorzugt (*la faveur:* Gunst).
2 **feindre de faire qc:** vorgeben etwas zu tun.
saisir qc: hier: etwas verstehen, begreifen.
le fiel: Boshaftigkeit, Gehässigkeit.
7 **s'y connaître:** sich auskennen.
8 **le jargon:** Jargon, Fachsprache.
10 **consterné, e:** bestürzt, betroffen.
11 **le C.R.:** *le cadre de recherche* (jd. mit leitender Funktion in der Forschung).
l'I.A.P.: *l'Institut d'Astrophysique de Paris.*
12 **le labo:** *le laboratoire:* Labor, Forschungsstelle.
12f. **le recrutement:** Anstellung.
14 **le comité:** Ausschuss.
15 **statuer sur qc:** über etwas entscheiden.
17f. **quelle mouche l'a piquée?** (fig.): was ist in sie gefahren?, welcher Teufel reitet sie?

HENRI. Sonia!

SONIA. Il est clair que vous ne ferez jamais rien pour mon mari, vous prenez plaisir à le voir s'affaiblir, vous l'avez averti de cet article concurrent à seule fin de le voir perdre pied et de vous dégager de toute responsabilité au cas où il s'autoriserait, en rampant, à vous demander un service. Votre perversité me dégoûte et je méprise votre minable pouvoir de couloirs.

INÈS. Mon mari a publié dans *Nature*, je ne vois pas en quoi son pouvoir est minable.

HUBERT. Inès, Inès, je n'ai pas besoin de toi trésor.

HENRI. Hubert est l'un des plus grands experts mondiaux en cosmologie, il n'y a pas un article sur les amas de galaxies qui ne le cite, qu'est-ce que tu connais Sonia! De quoi tu parles!

SONIA. Il vient de dire que tu es maudit.

HUBERT. Elle est terrible! Je comprends que vous soyez légèrement déphasé mon vieux!

HENRI. Quoi maudit? Je suis maudit?

3 **s'affaiblir:** schwächer werden, (dahin)schwinden.
5 **perdre pied** (fig.): den Boden unter den Füßen, den Halt verlieren.
se dégager de qc: sich einer Sache entledigen.
6 **s'autoriser à qc:** sich zu etwas berechtigt fühlen, sich etwas gestatten.
7 **ramper:** kriechen.
8 **dégoûter qn:** jdn. anwidern, anekeln.
mépriser qc: etwas verachten.
minable: erbärmlich.
9 **le couloir:** Flur.
10 **«Nature»:** Name einer weltberühmten wissenschaftlichen Zeitschrift.
15 **un amas:** Haufen.
19 **être déphasé, e** (fam.): neben der Kapp' sein, neben sich stehen, aus der Bahn geworfen sein.

SONIA. C'est ce qu'il vient de dire. Que tu es maudit et qu'on ne peut rien pour toi.

HENRI. À qui? À toi?

SONIA. À elle.

INÈS. Hubert parlait de Serge Bloch, tu parlais de Serge Bloch Hubert? …

HENRI. Qu'est-ce que Serge Bloch a à voir là-dedans?

INÈS. Il a d'abord été inondé …

HUBERT *(la coupant)*. Ne tombons pas dans le ridicule Inès, please! D'abord Sonia laissez-moi vous dire que vous auriez mieux fait de nous recevoir en robe de chambre. D'une part cela aurait parachevé l'incongruité de cette situation mais surtout cela vous aurait humanisée. Il y a chez vous une sécheresse et une gravité qui contrastent avec l'impression de jolie femme espiègle que vous suggérez dans les premières minutes.

HENRI. Tout à fait d'accord!

SONIA. J'aurais mieux fait de les recevoir en robe de chambre?

INÈS. Vous auriez mieux fait de ne pas nous recevoir du tout! C'est la pire soirée que j'ai jamais passée! *(Elle fait mine de vouloir partir.)*

7 **qu'est-ce que … a à voir là-dedans?:** was hat … damit zu tun?
9 **couper qn:** hier: jdm. ins Wort fallen.
tomber dans le ridicule (fig.): sich lächerlich machen.
12 **d'une part:** auf der einen Seite.
parachever qc: etwas vollenden, zur Vollendung bringen.
12f. **une incongruité:** Merkwürdigkeit, Unangebrachtheit.
14 **humaniser qn:** jdn. menschlicher, umgänglicher machen.
la sécheresse: Härte, Kälte.
14f. **la gravité:** Ernst, Schwere.
16 **espiègle:** schalkhaft, neckisch.
suggérer qc: etwas vermuten lassen, andeuten.
22 **faire mine** (f.) **de faire qc:** Anstalten machen etwas zu tun.

HENRI. Félicitations Sonia! Félicitations!

HUBERT. Ne lui attribuez pas le naufrage de cette visite, nous y avons tous contribué. Inès, calme-toi mon ange.

INÈS. Ne m'appelle pas mon ange et cesse de faire des mondanités.

HENRI. Hubert, soyez franc, je suis maudit?

HUBERT. ... Vous traversez une mauvaise passe.

HENRI. Donc je suis maudit.

HUBERT. Vous n'êtes pas maudit, vous êtes d'une anxiété anormale, et vous êtes complètement défaitiste Henri, il faudrait peut-être vous faire aider.

HENRI. Vous avez vraiment dit que j'étais maudit?

HUBERT. Mais non!

HENRI. À votre avis, j'ai encore une chance d'être publié?

HUBERT. Bien sûr! Peut-être pas dans *A.P.J.* mais dans *A & A*. Ou dans *M.N.R.A.S.*, pourquoi pas?

INÈS. Que les halos soient plats ou non; vous vous en foutez, ce que vous voulez c'est être publié.

HUBERT. Tout le monde veut être publié trésor, c'est ça la finalité.

2 **attribuer qc à qn:** etwas zuschreiben.
le naufrage: Schiffbruch; hier (fig.): Scheitern.
4 **un ange:** Engel.
6 **les mondanités** f. pl.: gesellschaftliches Benehmen, Artigkeit.
8 **traverser une mauvaise passe:** eine schwere Zeit durchmachen, eine Pechsträhne haben.
10 f. **une anxiété:** Ängstlichkeit, innere Unruhe.
11 f. **défaitiste:** negativ eingestellt, defätistisch.
18 **«A & A»:** *Astronomy & Astrophysics* (Name einer Fachzeitschrift).
«M.N.R.A.S.»: *Monthly Notice of the Royal Astronomical Society* (Name einer Fachzeitschrift).
22 **la finalité:** Ziel, Zweck.

HENRI. Si cet article est refusé, je suis un homme fini.

HUBERT. Vous êtes chargé de recherche, vous ne pouvez pas perdre votre poste.

HENRI. Un raté indélogeable, ce qu'il y a de pire.

SONIA. Quand j'ai épousé Henri, je pensais – avec une bêtise! – qu'il y avait une finalité supérieure à vivre parmi les étoiles et que cela conférait une certaine hauteur de vue.

HUBERT. Ma chère, rien n'élève ni ne transcende. L'homme, seul, décide de ce qu'il est.

SONIA. Épatant!

INÈS. Pourquoi vous en voulez tellement à mon mari?

SONIA. Je n'en veux pas à votre mari, j'en veux au mien.

HENRI. On peut savoir pourquoi?

SONIA. Mon mari se traîne devant le vôtre. Aucune femme normale ne peut supporter ça. D'autant qu'il se traîne pour rien.

HENRI. Je ne me traîne absolument pas! Je me traîne Hubert?

INÈS. Allons-y Hubert, c'est effrayant.

HENRI. Hubert, je me traîne?

SONIA. Tu te traînes.

HUBERT. Nous sommes tous éméchés …

2 **le chargé de recherche:** Forschungsbeauftragter.
4 **indélogeable:** nicht zu vertreiben, nicht loszuwerden.
5 **épouser qn:** jdn. heiraten.
7 **parmi:** unter, inmitten von.
conférer qc: etwas verleihen.
12 **en vouloir à qn:** jdm. böse sein.
14 **le mien / la mienne:** der, die, das meine.
16 **se traîner:** hier: auf dem Boden kriechen.
17 f. **d'autant que:** umso mehr als.
24 **éméché, e** (fam.): angesäuselt, beschwipst.

SONIA. N'essayez pas d'aplanir, il se traîne devant vous, vous y prenez un malin plaisir, ce que je comprends.

INÈS. Comment pouvez-vous humilier votre mari de cette manière?

HUBERT. Inès, cesse de te mêler!

INÈS. Je me mêle de ce que je veux, merde!

On entend brutalement une chanson – volume maximum – en provenance de la chambre d'enfant.

HENRI. Qu'est-ce que c'est?

SONIA. *Rox et Rouky.* Tu lui as mis *Rox et Rouky.* *(Elle file vers la chambre.)*

INÈS. Vous lui avez mis la télé?

HENRI. Pas la télé, une minicassette, il a le droit d'écouter une minicassette le soir dans son lit.

HUBERT. Et si ses parents voulaient qu'il regarde la télé, il regarderait la télé!

INÈS. Je n'ai pas dit qu'il ne pouvait pas regarder la télé!

HUBERT. Si. Tu ne le dis pas mais tu le penses. Tu as une propension à réglementer même ce qui ne te concerne pas.

INÈS. J'ai dit qu'il ne pouvait pas regarder la télé?

HENRI. Il ne regarde pas la télé! Il écoute une petite minicassette dans le noir!

1 **aplanir:** einebnen, beseitigen; hier (fig.): herunterspielen.
3 **humilier qn:** jdn. erniedrigen.
7 **le volume:** hier: Lautstärke.
8 **en provenance de:** aus (*la provenance:* Herkunft).
10 **«Rox et Rouky»:** französischer Titel eines Disney-Zeichentrickfilms von 1981 (engl. *The Fox and the Hound*, dt. *Cap und Capper*).
11 **filer vers qc** (fam.): in Richtung auf etwas laufen, rennen.
20 **la propension:** Neigung.

SONIA *(revenant; la musique ne s'entend plus).* Il dit qu'on l'empêche de dormir.

INÈS. Il a raison, on l'empêche de dormir, allons-y Hubert.

HENRI. Avant de vous laisser partir, je veux savoir Hubert si vous considérez que je me traîne?

HUBERT. Vous l'empêchez de dormir, Henri.

HENRI *(baissant la voix).* Je me traîne?

HUBERT *(idem).* Un peu.

HENRI. Un peu!

INÈS. Vous l'avez cherché! Et c'est vrai que vous vous traînez! Hubert, je n'en peux plus!

HUBERT. Il vous manque une portion d'envergure Henri, je suis désolé. On vous sent filandreux et égaré, vous devriez prendre des leçons chez votre femme, allons-y.

Ils partent.

Henri et Sonia restent seuls.

2 **empêcher qn de faire qc:** jdn. an etwas hindern.
3 **allons-y:** lass uns gehen.
11 **chercher qc:** hier: etwas herausfordern.
13 **une envergure:** Format, Größe.
14 **filandreux, se:** langatmig.
15 **égaré, e:** verwirrt.

2.

Soir.
Même salon.

Sonia est assise, en robe de chambre. Elle lit un dossier.
Henri apparaît.

Douceur du ton.

HENRI. Il veut un gâteau.
SONIA. Il vient de se laver les dents.
HENRI. Bien sûr!

Un temps.
Elle est à nouveau dans son dossier, lui debout, indécis.

HENRI. Un quartier de pomme peut-être?
SONIA. Quelle est la différence entre un quartier de pomme et un gâteau?
HENRI. … La pomme est moins sucrée.
SONIA. La pomme est très sucrée. Peut-être plus que le gâteau.
HENRI. Il a souvent faim au lit, tu as remarqué? Est-ce qu'il ne mange pas trop tôt cet enfant?
SONIA. Il mange à sept heures et demie, comme un enfant de son âge.
HENRI. Et si on lui lavait les dents après?
SONIA. Après quoi?

6 **la douceur:** hier: Sanftheit, Milde.
11 f. **indécis, e:** unentschlossen.

HENRI. Après le gâteau. Il pourrait manger un gâteau et se laver les dents ensuite.

SONIA. Il n'a qu'à manger un gâteau juste avant de se coucher, c'est-à-dire juste avant de se laver les dents.

HENRI. Oui.

SONIA. Tu as eu tort de lui donner ce gâteau.

HENRI. Je ne lui ai rien donné.

SONIA. Si.

HENRI. La moitié d'un Finger. Point. J'ai été draconien. (*Léger temps.*) Qu'est-ce que je lui dis?

SONIA. Qu'est-ce que tu lui dis?

HENRI. Je lui dis pas de pomme?

SONIA. Tu viens de lui donner un Finger. Il ne va pas avoir le Finger et la pomme.

HENRI. Je lui dis pas de pomme.

SONIA. Tu lui dis pas de pomme, tu lui dis dodo.

HENRI. Dodo.

Il sort et revient.

HENRI. Très gentil. Je lui ai mis *Rox et Rouky. (Un temps.)* Qu'est-ce qu'on donne comme entrée?

SONIA. Pamplemousse?

HENRI. Un peu minable, non?

SONIA. Melon-parme?

HENRI. Avec le navarin?

SONIA *(désignant son dossier)*. Écoute, Henri …

10f. **draconien, ne:** rigoros, sehr streng.
21 **une entrée:** Vorspeise.
22 **la pamplemousse:** Pampelmuse, Grapefruit.
24 **le melon-parme:** Melone mit Parmaschinken.
25 **le navarin:** Hammelragout.
26 **désigner qc:** auf etwas deuten, zeigen.

HENRI. Melon-parme. *(Un temps.)* Et si on faisait des artichauts?

SONIA. Très bien.

HENRI. Artichauts ou melon-parme?

SONIA. Henri!

HENRI. Ou alors une salade de crabe. Ce qui a beaucoup plus de gueule.

SONIA. Salade de crabe. Parfait.

HENRI. Crabe et navarin? … Oui. Tu le trouves séduisant Finidori?

SONIA. Je l'ai vu à peine deux fois dans ma vie.

HENRI. Et tu l'as trouvé séduisant?

SONIA. Bellâtre.

HENRI. Donc séduisant.

SONIA. Non, bellâtre.

HENRI. Quand une femme dit bellâtre, ça veut dire séduisant. Ça veut même dire très séduisant.

SONIA *(elle rit)*. Quelle bêtise!

On sonne.

SONIA *(à voix basse)*. Qui est-ce?

HENRI. Je vais regarder.

Il revient aussitôt.
Tout ce qui suit, à voix basse:

HENRI. Les Finidori!

SONIA. C'est demain!

HENRI. On est le 17 … C'est ce soir.

2 **un artichaut:** Artischocke.
6 **le crabe:** Krabbe.
7 **avoir de gueule** (fam.): etwas hermachen, Eindruck machen.
9f. **séduisant, e:** verführerisch.
13 **bellâtre:** ein bisschen schön (*le bellâtre:* Geck, Schönling).

SONIA. C'est une catastrophe.

HENRI. Oui.

SONIA. Qu'est-ce qu'on fait?

HENRI. On ne peut pas ne pas ouvrir.

SONIA. Je vais me changer.

HENRI. Tu n'as pas le temps, tu peux très bien rester comme ça.

SONIA. Je ne vais pas recevoir les Finidori en robe de chambre!

HENRI. On s'en fout! Autant qu'ils te voient en robe de chambre, de toute façon ils vont bouffer des chips!

SONIA. Je n'ouvre pas en robe de chambre!

HENRI *(il la retient par la robe de chambre tandis qu'on sonne à nouveau)*. Tu n'as pas le temps de te changer, Sonia!

SONIA *(elle tente de se dégager)*. Laisse-moi!

HENRI. Comment peux-tu être si égoïste?

Nouvelle sonnerie.

* * *

Inès, Hubert, Sonia et Henri dans le salon.
Les deux invités picorent divers mets froids (chips, Babybel, boîte de Fingers, etc.) posés sur le plateau. Sonia et Henri les accompagnent en buvant.
Sonia s'est changée. Inès a un bas filé.

INÈS. … Elle est alcoolique et dépressive. Hubert dit que c'est la même chose mais on peut être alcooli-

10 **autant que:** hier: und wenn auch, so sehr auch.
17 **se dégager:** sich befreien, lösen.
25 **alcoolique:** alkoholkrank (*un/une alcoolique:* Alkoholiker, -in).

que sans être dépressif et les dépressifs ne sont pas tous alcooliques, elle, elle est les deux, elle prend des médicaments contre la dépression et elle boit, elle est arrivée à la maison, Achille Zavatta, fond de teint pas étalé, rouge à lèvres sorti des lèvres, Serge Bloch derrière, souriant comme si tout était normal – sauf qu'ils viennent d'être inondés – elle demande un scotch à peine assise, je regarde Serge, pas de réaction!

Un petit silence.

HUBERT. Qu'est-ce que tu veux dire par là ma chérie?

INÈS. Je veux montrer à quel point vous êtes peu soucieux de notre dignité.

HENRI. On ne peut pas vivre avec Serge Bloch et ne pas être dépressif.

SONIA. Ils ont été inondés?

HUBERT. Avant de partir en vacances, l'enfant du dessus a arrosé ses plantations en laissant le robinet ouvert.

INÈS. Francine venait de refaire sa chambre.

SONIA. La pauvre! Elle manque de chance! *(Elle rit de bon cœur.)*

Tous l'imitent. Sauf Inès.

4f. **le fond de teint:** Make-up.
5 **étalé, e:** verteilt, verrieben.
le rouge à lèvres: Lippenstift.
8 **le scotch:** (Scotch-)Whisky.
12f. **soucieux, se:** besorgt.
18 **arroser qc:** etwas begießen.
les plantations f. pl.: Pflanzung, Plantage; hier: Pflanzen.
le robinet: Wasserhahn.
20 **refaire:** hier: renovieren.

HUBERT. Et à part ça Henri, où en êtes-vous avec l'aplatissement des halos? *(Ils croquent les Fingers.)* Pas mauvais, ces petits gâteaux.

HENRI. J'ai fini. Je soumets l'article avant la fin du mois.

HUBERT. Formidable. Cela dit vous devriez vérifier sur Astro PH, il m'a semblé voir une publication voisine acceptée dans *A.P.J.*

HENRI. Récente?

HUBERT. Ce matin. *«On the flatness of galaxy halos»*.

HENRI. *«On the flatness of galaxy halos»!*

SONIA *(charmante)*. Hubert, qu'est-ce qui vous prend, vous n'allez pas démoraliser mon mari?

HUBERT. À mon avis Sonia, il en faut plus pour démoraliser Henri.

INÈS. C'est quoi votre sujet?

HENRI. Le même: *«Are the dark matter halos of galaxies flat?»*

INÈS. Ce qui veut dire?

HENRI. Les halos de matière noire des galaxies sont-ils plats?

INÈS. Et ils sont plats?

HUBERT. Inès, trésor, c'est quoi ces questions, qu'est-ce que tu connais?

INÈS. Je m'intéresse aux travaux d'Henri.

HUBERT. Elle ne s'est jamais intéressée aux miens. Vous lui faites une sérieuse impression mon vieux!

HENRI. Je suis maudit.

SONIA *(toujours légère)*. Henri, je t'en prie!

12 **démoraliser qn:** jdn. entmutigen.
13 **en falloir:** brauchen, nötig sein.
28 **léger, ère:** hier: leise, zart.
je t'en prie!: aber nicht doch, bitte!

HUBERT. Les grands mots! J'ai lu l'abstract en vitesse, il a peut-être abordé les galaxies elliptiques …

HENRI. Il a modélisé?

HUBERT. Possible.

HENRI. Alors il parle des galaxies spirales!

HUBERT. Il traite peut-être de la matière visible, on ne connaît pas ses conclusions …

HENRI. Je suis maudit! Je ne publie rien pendant trois ans et un con me pique le sujet au moment où je vais le soumettre. Ça s'appelle maudit!

L'ENFANT. Papa!

SONIA. Il veut que tu lui retournes la cassette.

INÈS. Quel âge a-t-il?

SONIA. Six ans.

INÈS *(à Henri qui s'apprête à quitter la pièce).* Je peux le voir?

HENRI. Venez.

Ils sortent.
Hubert et Sonia restent seuls.

HUBERT. J'ai exactement quinze secondes pour vous convaincre de déjeuner avec moi cette semaine.

SONIA. C'est plus qu'il n'en faut.

HUBERT. Demain?

SONIA. Demain, je ne peux pas.

HUBERT. Jeudi?

SONIA. D'accord.

HUBERT. Vous viendrez pour lui ou pour moi?

SONIA. Pour lui, bien sûr.

2 **aborder qc:** etwas ansprechen, anschneiden, behandeln.
9 **le con** (pop.): Blödmann.
piquer qc à qn (fam.): jdm. etwas wegschnappen, klauen.

HUBERT. Parfait!
SONIA. Pourquoi lui avoir parlé de cet article?
HUBERT. Une inspiration. Pour pimenter la soirée.
SONIA. C'est faux?
HUBERT. Non.
SONIA. C'est grave?
HUBERT. Ça dépend.

Il attrape sa main et la porte audacieusement à ses lèvres.

SONIA. De quoi?
HUBERT. De son approche.
SONIA. Je lui dis tout!
HUBERT. Adieu rang A!
SONIA *(elle rit)*. Il m'a demandé si je vous trouvais séduisant.
HUBERT. Vous avez dit très?
SONIA. J'ai dit bellâtre.
HUBERT. Plus subtil, bravo.
SONIA. Vous passez pour séduisant dans votre cercle?
HUBERT. Il y a peu de concurrence.
SONIA. Vous n'avez pas honte?
HUBERT. Honte?
SONIA. Chez moi. Votre femme à deux mètres.
HUBERT. Je ne mets pas la morale à cet endroit.
SONIA. Vous la mettez où?
HUBERT. Jeudi, vous le saurez.

3 **une inspiration:** Eingebung.
pimenter qc: etwas würzen, einer Sache Würze verleihen.
8 **attraper qc:** hier: etwas ergreifen.
audacieusement (adv.): kühn.
18 **subtil, e:** subtil, nuanciert, einfallsreich.

INÈS *(revenant)*. Il a dit: je ne veux pas qu'elle reste dans ma chambre. J'ai dit, bonsoir Arnaud, il s'est tourné vers son père et a dit: je ne veux pas qu'elle reste dans ma chambre. Ne vous inquiétez pas, j'en ai deux, plus des neveux, je ne me vexe absolument pas.

SONIA. Henri l'a grondé, j'espère.

INÈS. J'ai soif. Dieu merci, Henri ne l'a pas grondé, il est allé lui peler une pomme.

SONIA. Je me bagarre pour qu'il se lave les dents et Henri le gave juste après.

INÈS. Tous les hommes font ça.

HUBERT. Qu'est-ce que c'est que cette généralité stupide, tous les hommes! D'où sort ce discours, Inès? Personnellement, je n'ai jamais gavé qui que ce soit.

INÈS. Tu les excites, c'est pire. Il est capable d'entamer une partie de foot au moment où ils vont se mettre au lit.

HUBERT. Une fois j'ai joué au foot, elle va en parler pendant dix ans.

SONIA. Vous jouez au foot? C'est drôle, je ne vous imaginais pas jouer au foot.

HUBERT. Je ne joue pas au foot, je tape dans un ballon de temps en temps avec mes fils, Inès appelle ça jouer au foot, vous m'imaginiez comment?

SONIA. Je ne vous imaginais pas. Votre mari est un peu prétentieux, non?

6 **gronder qn:** jdn. ausschimpfen, mit jdm. schimpfen.
9 **se bagarrer** (fam.): sich abrackern, kämpfen.
10 **gaver qn:** jdn. vollstopfen.
12 **la généralité:** Verallgemeinerung.
23 **taper dans un ballon:** gegen einen Ball treten, kicken.
27 **prétentieux, se:** selbstgefällig, überheblich.

INÈS. Mon mari aime plaire, devant une jolie femme mon mari fait son dandy et son provocant.

HUBERT. Est-ce que le sancerre te réussit ma chérie?

HENRI *(revenant)*. J'ai trouvé des Apéricubes, j'ai vraiment honte, il y a aussi une boîte de sardines, vous voulez qu'on ouvre des sardines?

HUBERT. Apéricubes, merveilleux. Je n'aurais peut-être pas dû manger les Fingers avant.

SONIA. Tu lui as donné une pomme?

HENRI. Je lui ai pelé une petite pomme. Il a faim, il a faim au lit, qu'est-ce que tu veux.

SONIA. Tu lui avais déjà donné un Finger.

HENRI. Un demi-Finger. On ne va pas reprendre cette discussion, Sonia, elle n'a pas d'intérêt pour nos amis.

HUBERT. Ne croyez pas ça, Henri, il n'est pas désagréable de frôler l'intimité des couples.

HENRI. Vous auriez pu tomber sur un échantillon moins ordinaire.

HUBERT. C'est justement ça qui est excitant. L'intimité ordinaire. On ne peut pas toujours tenir son esprit dans les régions hautes.

INÈS. Personnellement, je suis cérébralement plus motivée dans une discussion sur l'opportunité d'un demi-Finger que sur l'aplatissement des galaxies.

HUBERT. Des halos, chérie.

HENRI. Si on pouvait abandonner ce sujet, si on pou-

2 **le dandy** (angl., vx.): Dandy, Angeber; Mann, der Frauen gefallen will.
3 **réussir à qn:** hier: jdm. bekommen.
17 **frôler qc:** etwas streifen; hier: in etwas Einblick bekommen.
18 **un échantillon:** (Waren-)Probe, Stichprobe, Muster.
23 **cérébralement** (adv.): geistig.
24 **une opportunité:** Angemessenheit, Zweckmäßigkeit.

vait laisser ce sujet complètement en dehors de la soirée, je serais très heureux.

HUBERT. Vous vous angoissez pour rien, Henri.

HENRI. Je ne m'angoisse pas du tout, vous m'avez informé, amicalement, de l'existence de travaux parallèles, j'ai pris bonne note, la question est close.

SONIA. Hubert, vous avez le devoir de rassurer mon mari. Vous êtes responsable de son désarroi.

HENRI. S'il te plaît, Sonia, cesse de me faire passer pour un type qui se démoralise pour un oui pour un non et qui n'a pas de nerfs, tout va bien, nous venons d'éliminer deux sujets sans avenir, entre la pomme et la matière noire on devrait bien trouver un nouveau point de départ attrayant.

HUBERT. Il y a un mois, je suis parti quelques jours pour un congrès international en Finlande. J'ai côtoyé les meilleures équipes au monde. J'ai assisté à des revues exceptionnelles, j'en ai moi-même donné une qui a eu l'heur d'être significative, j'ai eu les échanges les plus fructueux avec de grands pontes et

1 **en dehors de qc:** außerhalb von etwas.
3 **s'angoisser:** sich große Sorgen machen, Ängste haben.
5 **amicalement** (adv.): freundschaftlich.
6 **prendre bonne note de qc:** etwas zur Kenntnis nehmen.
10f. **pour un oui pour un non:** bei der geringsten Kleinigkeit, ohne triftigen Grund.
12 **éliminer qc:** etwas entfernen; hier: ausschließen.
14 **attrayant, e:** anziehend, interessant.
16f. **côtoyer qn:** mit jdm. verkehren, jdn. treffen.
17 **une équipe:** hier: Forschungsteam.
18 **la revue:** hier: Darstellung, Präsentation.
19 **avoir l'heur** (m.; vx.) **de faire qc:** das Glück haben etwas zu tun.
significatif, ve: bedeutend, von Bedeutung.
20 **fructueux, se:** Gewinn bringend.
le ponte (fam.): hohes Tier, Koryphäe.

de quoi je me souviens? Qu'est-ce qui a marqué mon esprit et jusqu'à mon âme – si je ne craignais pas d'être pompeux? Une promenade morne et sans joie dans les environs de Turku. J'ai côtoyé les plus grands chercheurs américains, anglais, néerlandais, nous avons eu des échanges remarquables et que reste-t-il? Une marche monotone le long d'une mer grise.

Un temps.

INÈS. On peut savoir pourquoi tu nous parles de ça tout à coup?

HUBERT. Un écho à ce que vient de dire Henri. Je pensais à l'importance des choses. À ce qui a de l'intérêt et ce qui n'en a pas. Des heures apparemment vides restent gravées, des mots insignifiants engagent l'être. Henri? …

SONIA. Henri? … Hubert s'efforce de nous trouver un sujet attrayant.

HENRI. Très attrayant, oui. Continuez.

HUBERT. J'ai fini.

2 **une âme:** Seele.
craindre qc: etwas befürchten.
3 **pompeux, se:** hochtrabend, bombastisch.
morne: trübsinnig.
4 **Turku:** Universitätsstadt in Finnland.
5 **le chercheur:** Forscher.
6 **remarquable:** bemerkenswert, beachtlich.
7 **le long de qc:** an etwas entlang.
14f. **apparemment** (adv.): allem Anschein nach, anscheinend.
15 **gravé, e:** eingeritzt, eingeprägt, verhaftet.
insignifiant, e: unbedeutend.
16 **engager qn:** hier: jdn. verpflichten, binden.
un être: Wesen, Mensch.
17 **s'efforcer:** sich bemühen.

Un léger temps.

INÈS. Vous habitez là depuis longtemps?

SONIA. Un an et demi.

INÈS. Et avant?

SONIA. Dans le quartorzième.

INÈS. C'est mieux ici. C'est plus tranquille.

HENRI. Ça n'est absolument pas tranquille, on construit un parking rue Langelot.

INÈS. À un moment donné ce sera fini.

HENRI. Dans deux ans.

SONIA *(elle rit)*. Dans un mois!

INÈS. Je peux fumer?

HENRI. Si vous pouvez vous en empêcher ce serait mieux.

SONIA. Quelle mouche te pique, tu plaisantes! Fumez Inès, bien sûr!

HUBERT. Personne ne fume, pourquoi veux-tu fumer!

SONIA. Elle peut tout à fait fumer, Henri dis-lui qu'elle peut fumer!

HUBERT. Nous sommes chez Henri, la cigarette indispose Henri, Inès n'a aucune raison de fumer. D'autant que fumer n'est pas une nécessité pour une femme.

INÈS. Je ne fume pas.

SONIA. Inès, je vous demande de fumer.

INÈS. Je n'ai plus envie de fumer.

SONIA. Tu comptes te montrer atrabilaire et grossier toute la soirée Henri?

8 **le parking** (angl.): Parkplatz, Parkhaus, Tiefgarage.
9 **à un moment donné:** irgendwann.
20f. **indisposer qn:** jdn. stören, jdm. Unwohlsein bereiten.
22 **la nécessité:** Notwendigkeit.
26 **atrabilaire** (fig., vx.): missgelaunt.
grossier, ière: vulgär.

HENRI. Fumez, je m'en fous.

HUBERT. Henri, je ne veux pas retourner le fer dans la plaie, mais admettez que quelque chose s'est déréglé ce soir.

On entend faiblement une chanson en provenance de la chambre de l'enfant.

INÈS. *Rox et Rouky!*

HENRI. Vous m'avez foutu le cafard avec votre promenade en Finlande.

INÈS. Les enfants l'ont aussi.

HUBERT. Ah bon? Le cafard, pourquoi?

HENRI. Au point où j'en suis Hubert – aussi risible que cela paraisse – une invitation à Turku est une fin en soi. Un type pour qui le congrès est une fin en soi a du mal à inclure la balade existentielle sur la Baltique. C'est normal qu'il écoute encore une cassette à cette heure-ci?

SONIA. Tu viens toi-même de la lui retourner!

INÈS. Il ne sait pas retourner sa cassette tout seul?

SONIA. Il a la flemme de se redresser.

INÈS. C'est vrai?

2f. **retourner le fer dans la plaie** (fig.): das Messer in der Wunde umdrehen.

3f. **se dérégler:** aus dem Ruder laufen.

8 **foutre le cafard à qn** (pop.): jdn. trübsinnig machen (*le cafard:* Küchenschabe; hier, fam.: Trübsal, Depression).

12 **risible:** lachhaft, lächerlich.

15 **la balade** (fam.): Spaziergang.

16 **la Baltique:** die Ostsee.

20 **avoir la flemme de faire qc** (fam.): zu faul sein etwas zu tun (*la flemme,* fam.: Faulheit, Trägheit).

se redresser: sich aufrichten, noch einmal aufstehen.

HUBERT *«Luminous and dark matter in spiral galaxies»*, le thème du congrès. Pourquoi ne pas vous y être inscrit?

HENRI. Pour présenter un *poster*? Et passer vingt-quatre heures debout à côté, comme Serge Bloch à Édimbourg?

HUBERT. On connaît vos travaux sur la dynamique des galaxies, vous n'auriez pas eu de mal à vous faire inviter, Henri. Les dynamiciens étaient les bienvenus à Turku.

HENRI. Quittez ce ton de condescendance. S'il vous plaît. N'essayez pas de me repêcher à tout moment. Je me fous de Turku.

HUBERT. Vous venez de dire le contraire.

HENRI. Je me fous de Turku.

SONIA. Arrête Henri, c'est puéril. Et gênant.

HENRI. Je me fous de Turku.

SONIA. Bon, il se fout de Turku, je reprendrais bien un peu de sancerre.

HUBERT. Vous ne vous foutez pas de Turku, ni de votre article, ni de votre promotion, vous trouvez malin – Dieu sait pourquoi – de vous flinguer par orgueil.

HENRI. J'ai plaisir à me flinguer devant vous, je le recon-

3 **s'inscrire:** sich einschreiben, anmelden.
6 **Édimbourg:** Edinburgh.
9 **le dynamicien:** Vertreter der Theorie der Dynamik.
9f. **être le bienvenu / la bienvenue:** gern gesehener Gast sein, willkommen sein.
11 **la condescendance:** Herablassung.
12 **repêcher qn** (fam.): jdn. retten, jdm. aus einer Klemme helfen.
16 **puéril, e:** kindisch.
22 **se flinguer** (fam.): sich erschießen; hier: sich niedermachen, herabsetzen.
un orgueil: Stolz.

nais. Il y a encore une heure, j'étais parti pour me traîner à vos pieds, j'éprouve l'ivresse de la conversion.

SONIA. Tu as trop bu Henri. Tu es ivre mort.

HENRI. Quoi? Tu devrais te réjouir, ma chérie. Adieu ton finidorien. Adieu cou rentré et épaules comprimées, adieu rire servile …

INÈS. C'est quoi ton finidorien?

HENRI. Un ton que j'adoptais quand je croyais qu'Hubert Finidori pouvait statuer sur mon avenir, avant qu'il n'arrive chez moi avec un jour d'avance et qu'il s'empresse – qu'il s'empresse! – de me livrer une information de nature troublante, de la manière la plus floue donc la plus troublante, avant que devant mon trouble il ne recule de trois petits pas afin de me rappeler à la raison et me vante, pour conclure et me laminer, l'inutilité de la réussite, la vacuité et le néant.

2 **éprouver qc:** etwas empfinden, fühlen.
une ivresse: Trunkenheit.
la conversion: Bekehrung, Umwandlung, Schwenkung.
3 **ivre mort:** völlig betrunken, stockbesoffen.
4 **se réjouir:** sich freuen.
5 **rentré, e:** eingezogen.
5f. **comprimé, e:** zusammengedrückt.
6 **servile:** unterwürfig.
8 **adopter qc:** etwas annehmen.
11 **s'empresser:** sich beeilen, sich befleißigen.
12 **troublant, e:** verwirrend, beunruhigend.
13 **flou, e:** vage, ungenau.
14 **le trouble:** Verwirrung, Bestürzung.
15 **vanter qc:** etwas loben, in den Himmel heben.
16 **laminer qn:** jdn. niederwalzen, -machen, überrollen.
16f. **la réussite:** Erfolg.
17 **la vacuité:** Leere.
le néant: Nichts.

INÈS. Si nous sommes venus avec un jour d'avance, c'est entièrement de ma faute, Henri. J'ai écrit sur une feuille volante mercredi 17 or le 17 est un jeudi, d'habitude le jeudi j'ai mon cours de …

HUBERT. On s'en fout, on s'en fout, ça n'a pas d'importance, Inès. Vous êtes un véritable artiste, Henri, vous faites et défaites le monde selon vos humeurs. Vous m'avez hissé au rang de protecteur, je l'ignorais. J'ignorais que vous m'aviez infligé ce standing. L'aurais-je su que je me serais employé à vous signifier mon impuissance. Je n'avais pas noté, voyez-vous, le rire servile, et je percevais, quel idiot, une nuance amicale là où il y avait ton finidorien. Je suis désolé de votre acrimonie et je suis désolé de m'en sentir irresponsable car j'ignorais qui j'étais pour vous.

INÈS. Tu n'ignorais rien Hubert et j'en ai assez d'être mortifiée dès que j'ouvre la bouche. Mon mari

3 **la feuille volante:** loses Blatt.
or: nun (aber).
4 **d'habitude:** gewöhnlich, üblicherweise.
6 **un artiste:** Künstler.
7f. **la humeur:** Laune.
8 **hisser qn:** jdn. erheben.
le protecteur: Beschützer.
9 **infliger qc à qn:** jdm. etwas verpassen, etwas über jdn. verhängen.
10 **le standing** (angl.): (herausgehobene) Stellung, Status.
10f. **s'employer à faire qc:** sich bemühen etwas zu tun.
11 **signifier qc à qn:** jdm. etwas zu verstehen geben, jdn. von etwas in Kenntnis setzen.
une impuissance: Ohnmacht.
12 **percevoir:** wahrnehmen, erkennen.
14 **une acrimonie:** Groll.
18 **mortifier qn:** jdn. kränken, demütigen.
dès que: sobald.

m'a dit tout à l'heure dans la rue qu'Henri avait besoin de son appui pour passer directeur de recherches.

HUBERT. Je n'ai pas dit, mon chéri, qu'Henri avait besoin de mon appui, j'ai dit, mais tu étais préoccupée par ton bas filé (qui s'aggrave d'ailleurs), j'ai dit, dans un esprit de sympathie, que je pourrais peut-être, si Henri publiait dans l'année, donner un coup de pouce à sa promotion. Je l'ai dit sans me douter que cette tâche m'était assignée et je l'ai dit comme un homme qui parle à sa femme dans le secret d'une intimité confiante.

SONIA. Votre culot est désarmant. Est-ce un compartiment de votre séduction?

HENRI. De votre séduction Hubert! Qu'en dites-vous?

INÈS. Tu as dit qu'Henri avait besoin de ton appui. Et tu as ajouté que lui et sa femme seraient courbés en deux.

HUBERT. J'avais tort! Ils ne sont pas du tout courbés en deux, tu vois.

HENRI. Je ne suis pas courbé parce que j'ai la passion

5 **préoccupé, e:** besorgt, beunruhigt.
6 **s'aggraver:** schlimmer werden.
8f. **donner un coup de pouce** (fam.): ein bisschen helfen, behilflich sein (*le pouce:* Daumen).
9 **se douter:** ahnen.
10 **la tâche:** Aufgabe.
assigner qc à qn: jdm. etwas übertragen, zuteilen.
12 **confiant, e:** vertrauensvoll.
13 **le culot** (fam.): Dreistigkeit.
désarmant, e: entwaffnend.
13f. **le compartiment:** Fach, Abteil; hier: Facette.
14 **la séduction:** Verführung.
21 **la passion:** Leidenschaft, Lust.

de décevoir, quant à ma femme je doute qu'elle se courbe jamais pour m'avantager. Il n'y a plus de Fingers, vous avez croqué le paquet entier?

SONIA. Arrête de boire, Henri.

HENRI. J'aime beaucoup votre cravate Hubert, c'est une chose que j'ai notée tout de suite quand vous êtes arrivé, la qualité de la cravate et le désassortiment avec la pochette, c'est remarquable une audace pareille, sans parler de la cravate en elle-même qui est rare dans notre branche où le débraillé est d'usage comme le tutoiement, vous Hubert vous êtes d'une autre trempe, allure, distance, vouvoiement, spleen en mer du Nord ... Être si peu de chose dans l'univers et vouloir faire sonner sa note, sa note infinitésimale au clocher des temps ...

INÈS. Eh bien moi figurez-vous – j'ai bu autant que vous Henri donc je me lance – je ne crois pas du

2 **avantager qn:** jdn. begünstigen, jdm. einen Vorteil verschaffen.
7f. **le désassortiment:** Nicht-zusammen-Passen.
8 **la pochette:** hier: Ziertuch.
8f. **une audace:** Kühnheit.
9 **pareil, le:** hier: derartig.
10 **la branche:** Sektor, Gebiet, Branche.
10f. **le débraillé:** Schlampigkeit, Nachlässigkeit.
11 **le tutoiement:** Duzen.
12 **être d'une autre trempe** (fig.): von einem anderen Schlag, Kaliber sein (*la trempe:* Härten, Härte).
une allure: Verhalten.
13 **le vouvoiement:** Siezen.
le spleen (angl.): Schwermut, Trübsinn.
15 **infinitésimal, e:** unendlich klein, winzig.
le clocher: Glockenturm.
17 **se figurer:** sich vorstellen.
18 **je me lance** (fam.): ich wage, riskiere es.

tout, quitte à faire rire, mais de toute façon mon mari pouffe ou soupire dès que j'ouvre la bouche – notre couple va à vau-l'eau, autant l'admettre – je ne crois pas du tout que l'homme est peu de chose dans l'univers. Que serait l'univers sans nous? Un endroit d'un morne, d'un noir, sans un gramme de poésie. C'est nous qui l'avons nommé, c'est nous, les hommes, qui avons mis dans ce dédale, des trous, des lumières mortes, l'infini, l'éternité, des choses que personne ne voit, c'est nous qui l'avons rendu vertigineux. Nous ne sommes pas peu de chose, notre temps est insignifiant mais nous nous ne sommes pas peu de chose …

Léger silence.

SONIA. Vous avez dit que nous serions courbés en deux? Je suis navrée de revenir à des choses si terre à terre quand Inès a courageusement tenté d'élever le débat.

HUBERT. Courbé en deux? Est-ce que la formule est dans mon champ lexical?

INÈS. Tu as dit courbé en deux.

1 **quitte à:** auf die Gefahr hin.
2 **pouffer:** in Lachen ausbrechen, losprusten.
soupirer: seufzen.
3 **aller à vau-l'eau** (fig.): den Bach runtergehen, Schiffbruch erleiden.
8 **le dédale:** Labyrinth.
9 **l'infini** m.: das Unendliche.
l'éternité f.: die Ewigkeit.
11 **vertigineux, se:** Schwindel erregend.
16f. **terre à terre:** realistisch, nüchtern, alltäglich.
18 **le débat:** Diskussion.
20 **le champ lexical:** Wortfeld, Wortschatz.

HUBERT. J'ai dit *courbé en deux*, Inès? Que signifie courbé en deux? Servile ou tout simplement courtois, bien élevé? Inès me poignarde, pour des motifs obscurs, elle lance dans les airs une tournure hors contexte, sous son mode le plus sec et le plus humiliant et moi je dois répondre de cela? Allons-nous mes amis, choir dans le pitoyable?

SONIA. Abandonnez ce ton boursouflé, Hubert, il n'amuse que vous. Vous avez dit que nous serions courbés en deux, dans la formule, voyez-vous, c'est le *nous* qui est particulièrement malencontreux. Qu'on envisage son obligé courbé, je le conçois, c'est même ce qui fait le charme de l'obligé, mais inclure sa femme dans cette logique de prosternation est une erreur. Je vous trouvais un certain piquant, je dois l'avouer, et je n'attendais pas, venant de vous, une vulgarité de cette nature.

HENRI. Toi aussi quitte ce ton Sonia! Qu'est-ce que

2f. **courtois, e:** höflich, zuvorkommend.
3 **poignarder qn:** jdn. erdolchen; hier (fig.): jdm. einen Dolchstoß versetzen, jdm. in den Rücken fallen.
4 **obscur, e:** dunkel.
la tournure: (Rede-)Wendung, Formulierung.
5 **le contexte:** Kontext, Zusammenhang.
6 **répondre de qc:** für etwas haften, gerade stehen.
7 **choir** (litt.): fallen.
le pitoyable: das Erbärmliche, Erbärmlichkeit.
8 **boursouflé, e:** geschwollen, schwülstig.
11 **malencontreux, se:** ungeschickt.
12 **un obligé:** zu Dank Verpflichteter.
concevoir: begreifen, verstehen.
14f. **la prosternation:** Kniefall, Unterwürfigkeit.
15f. **je vous trouvais un certain piquant:** ich fand Sie auf gewisse Weise reizvoll (*le piquant:* Reiz).
16 **avouer qc:** etwas gestehen, zugeben.

c'est que ces minauderies? Le charme de l'obligé? L'obligé peut te clouer la gueule si tu continues!

HUBERT. Vous déraillez Henri!

INÈS. Il ne déraille pas.

SONIA. Qu'est-ce qui vous prend Inès?

INÈS. Je vous ai vus tout à l'heure.

SONIA. Vu qui?

INÈS. Vous deux.

SONIA. Vu quoi?

INÈS. Vous le savez mieux que moi.

HUBERT. Inès, redescends sur terre mon ange. Inès ne peut pas boire plus d'un verre, après quoi elle ne s'oriente plus dans l'espace connu.

SONIA. Vu quoi? Dites-le.

INÈS. Vous êtes trop forte pour moi Sonia, je suis vite désarçonnée … *(Elle tend son verre à Henri qui la sert et vide son propre verre.)* Merci Henri.

HUBERT. Je vais la ramener.

INÈS. Ça va être horrible dans la voiture, vous savez, Henri, là il se tient, il fait son gentleman, mais dans la voiture ça va être un cauchemar, vous pouvez m'appeler un taxi? …

HENRI. Vu quoi, Sonia? Qu'est-ce qu'elle a vu?

SONIA. Qu'est-ce qu'elle a vu? Je ne sais pas! Elle ne veut pas le dire!

1 **les minauderies** f. pl.: albernes Getue, affektiertes Gehabe.
2 **clouer:** vernageln.
3 **dérailler:** entgleisen; hier (fam.): nicht mehr richtig ticken, spinnen.
16 **désarçonné, e:** entwaffnet.
18 **ramener qn:** jdn. nach Hause bringen.
20 **se tenir:** hier: sich benehmen.
21 **le cauchemar:** Alptraum.

HUBERT. Elle n'a rien vu, elle a un peu trop bu et elle va rentrer gentiment se coucher …

INÈS *(à Henri)*. Ils se ressemblent, ils ont le même cynisme et le même aplomb. Nous ne pouvons pas rivaliser avec des gens comme eux.

HENRI. Ne m'associez pas à vous! Ne faites pas la moindre tentative pour nous mettre dans le même sac! Nous sommes dans des mondes antagoniques!

INÈS. C'est ce que vous croyez …

HUBERT. Allons-y.

HENRI. Foutez le camp. Ramenez votre bonniche. Foutez le camp.

INÈS. Parfait, Henri! Donnez-moi tous les noms du monde, j'ai franchi les seuils de l'ivresse, j'ai l'air d'une romanichelle, mon mari est une canaille, la soirée sera historique pour moi …

HUBERT. Allons-y.

INÈS. Oui, allons-y, mon ange, achève-moi dans l'Audi, nous avons une Audi neuve, Hubert l'a garée en épi à un kilomètre pour éviter un accroc …

4 **un aplomb:** Frechheit, Unverfrorenheit.
6 **associer qn à qn:** jdn. mit jdm. in Verbindung bringen.
7 **la tentative:** Versuch.
8 **antagonique:** völlig entgegengesetzt.
11 **foutre le camp** (pop.): abhauen.
la bonniche (péj., fam.): Dienstmädchen; (Ehe-)Frau.
14 **franchir qc:** etwas überschreiten.
le seuil: Schwelle.
15 **la canaille:** Halunke; grober, ungehobelter Klotz.
18 **achever qn:** jdm. den Rest geben, jdn. völlig fertig machen.
19f. **garé, e en épi:** schräg geparkt (Parkplätze in Anordnung einer Ähre, *un épi*).
20 **éviter qc:** etwas verhindern, vermeiden.
un accroc: Kratzer.

HUBERT. Tu ressembles à Francine Bloch Inès, tu ne vas pas nous faire ta Francine Bloch mon chéri!

INÈS. Je suis inhumiliable, tu peux continuer …

HENRI. Pas de pleurnicheries! Pour l'amour du ciel! Vous n'allez pas nous sentimentaliser les choses avec des geignements de petite-bourgeoise. Inhumiliable! J'apprécie le mot remarquez, voilà un mot pour moi, un stade de premier ordre, inhumiliable, foutez le camp.

HUBERT. Allons-y. *(Il entraîne Inès.)* À bientôt, Sonia.

SONIA. Au revoir.

HUBERT. À jeudi?

SONIA. Sûrement pas.

Il lui sourit.

Hubert et Inès sortent.

Henri et Sonia restent seuls.

3 **inhumiliable:** nicht zu erniedrigen.
4 **les pleurnicheries** f. pl.: Gejammer.
5 **sentimentaliser:** ins Sentimentale verkehren.
6 **le geignement:** Gejammer.
7 **apprécier qc:** etwas würdigen, zu würdigen wissen, schätzen.
8 **le stade:** Stadium, Phase.
10 **entraîner qn:** jdn. mit sich ziehen.

3.

Soir
Les quatre mêmes (les Finidori sont arrivés).
Même situation.

Sonia est en robe de chambre. Inès n'a pas de bas filé.

Enjouement.

HUBERT. Que serait la théorie de tout? Une théorie unifiée des forces fondamentales. Or quand bien même on concevrait une théorie de toutes les interactions fondamentales, d'abord on serait loin d'une théorie de tout, il ne suffit pas d'examiner toutes les cellules d'un éléphant pour connaître sa réalité zoologique, Poincaré, mais il faudrait éliminer le paradoxe cosmologique! Comment saisir le monde *tel qu'il est*? Comment abolir l'écart entre réel et représentation, l'écart entre objet et mot, comment ça s'appelle ça, Fingers, excellent, comment, en gros, penser le monde sans être là pour le penser?

5 **un ejouement:** Heiterkeit, Unbeschwertheit.
7 **unifié, e:** einheitlich.
7 f. **quand bien même:** und wenn auch, selbst wenn.
8 **concevoir qc:** hier: etwas entwerfen, aufstellen.
11 **la cellule:** Zelle.
12 **Poincaré:** Henri Poincaré (1854–1912), bedeutender französischer Mathematiker und Wissenschaftstheoretiker.
14 **abolir qc:** etwas abschaffen, aus der Welt schaffen.
un écart: Abstand; Diskrepanz.
le réel: Realität, Wirklichkeit.
15 **la représentation:** Vorstellung.

HENRI. Paradoxe d'autant plus tragique que l'objectivisation totale est la grande visée de l'entreprise scientifique.

HUBERT. Après la religion et la philosophie, la science court après l'unité. Vaine poursuite ou terre promise?

HENRI. Qui peut le dire?

SONIA. Quel est l'intérêt d'une théorie unificatrice?

HUBERT. Bonne question. Très bonne question, je ne crois pas qu'il faille parler en terme d'intérêt mais de manque. Nous vivons dans le regret d'un monde sans séparation, dans la nostalgie d'une totalité perdue, nostalgie accentuée par la fragmentation du monde opérée par la modernité.

HENRI. Juste.

On entend faiblement une chanson en provenance de la chambre de l'enfant.

INÈS. *Rox et Rouky*!

HENRI. Comment ça se fait qu'il ne dorme pas?

SONIA. Il ne dort pas. On ne peut pas l'obliger à dormir. Il a éteint, il écoute sa cassette.

INÈS. Il est adorable. Très indépendant.

SONIA. Oui, très indépendant.

2 **la visée:** Ziel, Streben.
une entreprise: Unternehmung.
5 **vain, e:** vergeblich.
la poursuite: Verfolgung (eines Ziels).
5f. **la terre promise:** das gelobte Land.
8 **unificateur, trice:** (ver)einigend.
11 **le manque:** Fehlen.
le regret: Nachtrauern, Sehnsucht.
14 **opéré, e par qc:** durch etwas herbeigeführt.

INÈS. Vous avez de la chance, les nôtres sont capables d'apparaître quatorze fois dans la soirée.

HENRI. Arnaud est complètement autonome. Trop même. Je serais d'avis de lui faire éteindre sa cassette Sonitchka, non?

SONIA *(se levant, à Inès)*. Vous voulez le voir?

INÈS. Avec plaisir!

Elles sortent.
Hubert et Henri restent seuls.

HUBERT. Alors, l'aplatissement des halos?

HENRI. Fini. Je soumets l'article avant la fin du mois.

HUBERT. Parfait. Ceci dit, vous devriez vérifier sur Astro PH, il m'a semblé voir une publication voisine acceptée dans *A.P.J.*

HENRI. *«On the flatness of galaxy dark halos»*, exact, Raoul Arestegui, un collègue, m'a appelé pour me le signaler, j'ai laissé mon portable au bureau.

HUBERT. Pas loin de votre sujet, non? Un drame ces gâteaux, enlevez-les-moi.

HENRI. Allez-y, je vous en prie, j'ai honte de cette manière de recevoir, tout à fait mon sujet, apparemment c'est le sujet en vogue, une équipe mexicaine.

HUBERT. Les Mexicains s'y mettent, on dirait!

HENRI. On dirait!

HUBERT. Embêtant?

HENRI. J'espère pas. Je ne sais pas quelle est leur approche ni leur conclusion, Raoul doit me rappeler.

3 **autonome:** unabhängig, selbstständig.
18 **un drame!:** hier (fam.): große Klasse!
22 **en vogue:** in Mode (*la vogue:* Beliebtheit).
23 **s'y mettre:** sich dranmachen, sich ins Zeug legen.

Il y a de bonnes chances pour que nous soyons complémentaires.

HUBERT. Oui, oui, oui. Bien sûr.

HENRI. Faisons confiance à la diversité des cerveaux humains.

HUBERT. Bravo.

HENRI. Je vais devoir inclure leurs résultats dans mon article. C'est presque un avantage.

HUBERT. Certainement! Je vous trouve très en forme Henri.

HENRI. Fatigué mais en forme, oui.

HUBERT. Agréable ce quartier.

HENRI. Très.

Apparaît Sonia.

SONIA. Il veut que tu viennes …

HENRI. J'aimerais mieux qu'il dorme.

SONIA. Il montre à Inès son aéroport et il dit que tu ne l'as pas vu.

HENRI. Vous m'excusez deux minutes Hubert.

Il sort.
Hubert et Sonia restent seuls.

Aussitôt Hubert se jette sur Sonia et tente de l'attirer à lui.

2 **complémentaire:** ergänzend.
4 **la diversité:** Vielfalt, Vielfältigkeit.
le cerveau: Gehirn.
22 **aussitôt:** sogleich.
attirer qn: hier: jdn. an sich heranziehen.

HUBERT. Dans ce déshabillé, pas maquillée, chez vous, au milieu de vos objets, si vous aviez voulu m'anéantir il ne fallait pas en montrer davantage …

SONIA *(elle rit et tente de lui échapper – mollement)*. Vous êtes dingue …

HUBERT *(en la poursuivant)*. Vous êtes adorable Sonia, vous êtes blessante, vous êtes désarmante … je n'ai pas couru, j'ai volé, j'ai fait sauter un jour du calendrier, j'ai déréglé le temps pour vous retrouver …

SONIA. Vous m'avez vue deux fois dans votre vie … vous êtes ivre …

HUBERT. Et alors? Une fois aurait suffi … *(Il tente de l'embrasser, il rate, elle rit, s'enfuit, il attrape sa main, il joue)* … Vous connaissez la Baltique? … il y a un mois j'ai marché au nord de Turku, dans un pays froid et désolé, et je pensais à une femme aperçue chez les malheureux Bloch … *(elle parvient à s'échapper, il la rattrape)* … je marchais le long d'une mer sombre, le long de maisons basses et sans fenêtres, et je ne cessais de penser à elle … quelle chance a Henri, Henri est grandiose, des

1 **le déshabillé:** Négligé, Morgenrock.
maquillé, e: geschminkt.
2f. **anéantir qn:** jdn. vernichten.
3 **davantage:** mehr.
4 **échapper à qn:** jdm. entkommen, entwischen.
4f. **mollement** (adv.): kraftlos; hier: halbherzig.
5 **dingue** (fam.): verrückt.
7 **blessant, e:** verletzend.
14 **rater:** verfehlen.
s'enfuir: flüchten.
18f. **parvenir à faire qc:** etwas machen können.
22 **grandiose:** großartig.

Mexicains ont traité son sujet, il fait celui qui s'en fout, si on refuse son article, je ne pourrai rien pour lui … j'adore vos yeux …

SONIA. Des Mexicains? …

HUBERT. Des Mexicains.

SONIA. Ils sont derrière la porte …

HUBERT. Les Mexicains? …

SONIA *(elle rit et se laisse prendre)* … Mon fils, Henri, Inès …

HUBERT. Le monde entier est derrière la porte … le monde est toujours de l'autre côté de la porte! …

Il l'embrasse. Elle se laisse faire.

On entend les voix d'Inès et d'Henri.
Ils se séparent.

INÈS. Un véritable architecte cet enfant!

HENRI. Il veut un gâteau.

HUBERT *(se saisissant de la boîte de Fingers)*. Voilà, voilà, c'est ma mort ces Fingers!

INÈS. Mais enfin, Hubert, ils ne vont pas lui donner un paquet de gâteaux dans son lit!

HENRI. Ni même un seul!

SONIA. Donne-lui, qu'est-ce que ça peut faire, il ne va pas mourir.

HENRI. Je lui donne le paquet?

HUBERT. J'en ai mangé les trois quarts.

INÈS *(à Henri, qui va pour sortir avec le paquet)*. Vous avez tort, Henri.

HENRI. Qu'est-ce que je fais?

SONIA. Donne-lui un gâteau.

HENRI. Un seul?

HUBERT. Il doit en rester deux ou trois maximum.

HENRI. Je fais quoi, Sonia, avant de devenir cinglé?

SONIA. Donne-lui ce qui reste, et dis-lui que c'est très exceptionnel.

Henri sort.

INÈS. Il m'a tout expliqué. En réalité il a construit un aéroport-gare …

HUBERT. Un aérogare.

INÈS. Non, non, un aéroport-gare.

HUBERT. Ça s'appelle un aérogare.

INÈS. Je sais très bien ce qu'est un aérogare Hubert, le petit a fait un aéroport-gare, une gare dans l'aéroport, une gare avec des trains, des rails qui croisent des pistes, ça n'est pas un aérogare, c'est un aéroport avec des avions, combiné à une gare ferroviaire, un aéroport-gare! …

HENRI *(revenant)*. Il restait deux Fingers!

INÈS. Qu'est-ce qu'il a fait Arnaud? Un aéroport-gare!

HENRI. Un aéroport-gare, oui.

HUBERT. Très bien. Pourquoi s'énerver?

HENRI. Qui s'énerve? On meurt de soif ici. Un petit alcool, Hubert?

HUBERT. Merci, je reste au sancerre.

HENRI *(il le sert)*. Sonia? … Inès? … *(il remplit tous les verres, Inès boit)*.

1 **maximum** (fam.): *au maximum:* höchstens.
13 **le rail:** Gleis.
14 **croiser:** kreuzen.
la piste: Lande-, Startbahn.
16 **ferroviaire:** Eisenbahn…

Silence.

HUBERT. Que deviennent les Bloch? Vous les voyez?

SONIA. Ils ont été inondés.

HUBERT. Inondés?

SONIA. Avant de partir en vacances, l'enfant du dessus a arrosé ses plantations en laissant le robinet ouvert.

HENRI. Francine venait de refaire l'appartement.

SONIA. Et lui sortait d'une dépression.

HUBERT. Il est dépressif le pauvre.

HENRI. Oui.

Un temps.

HUBERT. La dernière fois que je l'ai vu, je lui ai dit: écoutez, Serge, la dépression c'est une spirale, personne ne peut vous aider, personne ne peut rien pour vous, le seul remède c'est la volonté, la volonté, la volonté. Ça l'a triplement abattu. Ce n'était pas du tout ce qu'il fallait faire avec lui. Il est resté prostré, avec un regard d'effroi comme je n'en avais jamais vu.

INÈS. Si j'étais déprimée et qu'on me disait: la volonté, la volonté, j'irais directement me jeter par la fenêtre.

SONIA. Moi aussi.

HUBERT. Qu'est-ce qu'on peut dire? Quoi qu'on fasse on perd du terrain. On peut dire vous mon vieux

16 **le remède:** Heilmittel.
17 **triplement** (adv.): dreifach.
abattre qn: jdn. niederschlagen, -schmettern.
19 **prostré, e:** niedergeschmettert, verzweifelt.
un effroi: Entsetzen.
26 **perdre du terrain:** hier (fig.): ins Hintertreffen geraten.

vous avez une longueur d'avance, vous avez anticipé la dégringolade, bravo, remerciez la fatalité qui vous distingue au royaume des foutus. Voilà ce qu'on peut dire.

Silence.

HENRI. On devrait faire un dîner avec les Bloch.
SONIA. Tu as encore d'autres idées aussi amusantes?

Le téléphone sonne.
Henri va répondre.

HENRI. ... Ok, je t'écoute ... *(aux autres)* Raoul Arestegui ... *(à Raoul)* Oui ... Oui ... D'accord ... Ah bon? ... Ah bon! ... Non, non, moi j'ai traité trois galaxies externes! ... Tu parles! ... Un sur dix ... Trois sur quatre? ... Bon, parfait ... Merci, Raoul, merci, je ne peux pas te parler, je suis avec des amis, on se voit lundi ... Ciao. *(Il raccroche.)* ... *«On the flatness of the Milky Way's dark halo!», the Milky Way*! Ils ont traité la Voie lactée! ... Les simulations cosmo donnent un rapport de un sur deux! Mon rapport est de un sur dix! Et ceux qui ont modélisé trouvent trois sur quatre!
HUBERT. Formidable.

1 f. **anticiper qc:** etwas vorwegnehmen, erahnen.
2 **la dégringolade** (fam.): Abgleiten, Talfahrt.
la fatalité: Geschick, Schicksal.
3 **distinguer qn:** jdn. auszeichnen.
le royaume: Königreich.
le foutu (pop.): Gescheiterter.
13 **externe:** äußere(r, s).
tu parles! (fam.): und ob!, von wegen!
16 **raccrocher:** den Hörer auflegen.
19 **cosmo:** *cosmologique*.

HENRI *(modestement fou de joie)*. Pas formidable mais je me sens mieux! Buvons, mes amis, buvons! Vive les Mexicains! Vous crevez de faim, non? Sonia, où sont les Apéricubes, on avait des Apéricubes, chérie?

SONIA. Là.

HENRI. Ah, je ne les avais pas vus! Apéricubes au paprika, au cumin! Au cumin, divin, Inès?

INÈS. Non merci.

HENRI. Hubert, allez, allez!

HUBERT *(il prend une poignée d'Apéricubes et lève son verre)*. À votre publication, Henri!

HENRI *(choque son verre, heureux)*. Il se fout de moi mais c'est pas grave!

INÈS *(elle boit)*. Je ne comprends rien mais je m'associe!

SONIA. Moi je trinque et je t'embrasse mon amour.

HENRI. Embrasse-moi mon amour! Levons notre verre au héros de la journée, le colosse qui ne publie rien pendant trois ans et qui fait la fiesta parce qu'il peut soumettre son petit article!

SONIA. Quelle vanité!

1 **modestement** (adv.): verhalten, bescheiden.
3 **crever de faim** (fam.): vor Hunger sterben.
8 **le cumin:** Kümmel.
divin, e: göttlich.
11 **la poignée:** Handvoll.
13 **choquer:** hier: anstoßen.
15f. **s'associer:** sich anschließen.
17 **trinquer:** anstoßen.
19 **le héros:** Held.
20 **la fiesta** (esp.): Fest.
22 **la vanité:** Eitelkeit.

HENRI. Pas vanité. Coquetterie, Sonia. Que nos amis ne s'imaginent pas qu'en dépit de mon soulagement j'ai perdu le sens de la mesure. *(Il boit.)* Surtout en face d'un *ponte*!

HUBERT. Il se fout de moi, mais qu'importe.

SONIA. Vous n'êtes pas un ponte? Je serais déçue.

HENRI. Je l'ai formée dans le mythe Finidori, attention!

HUBERT. Je vois.

HENRI. *Milky Way*! Pourquoi il l'a pas dit plus tôt, ce con! Moi j'en étais déjà à penser galaxies spirales, galaxies elliptiques! Musique? Si on mettait un peu de musique!

INÈS. Oh oui, musique!

SONIA. On ne va pas mettre de la musique, Henri!

HENRI. Pourquoi pas?

HUBERT. Il a raison, pourquoi pas!

Flottement, Henri erre dans une sorte d'indécision.

HENRI. Non c'est vrai c'est idiot, on ne va pas mettre de la musique.

INÈS. Et pourquoi on ne mettrait pas de musique?

HUBERT. Il n'a plus envie, Inès.

SONIA. On peut passer une bonne soirée sans musique, non?

2 **en dépit de:** trotz.
2f. **le soulagement:** Erleichterung.
3 **la mesure:** hier: richtiges Maß.
5 **qu'importe:** was macht das schon!
7 **le mythe:** Mythos, Sage.
18 **le flottement:** Schwanken.
errer: ziellos umherirren.
une indécision: Unentschlossenheit.

INÈS. Vous avez l'air déprimé tout à coup, Henri.

HENRI. Je ne suis pas déprimé.

INÈS. Votre enfant a fait un merveilleux édifice, demain il le détruira, dans son monde on ne garde pas les choses, on ne garde rien, ni même soi … *(Elle boit.)* … Servez-moi encore Henri s'il vous plaît, moi je me suis découragée subitement, j'ai même peur de vous gâcher la soirée … Il a fait de la neige sur les pistes avec des mouchoirs en papier … Au-dessus des cubes il y a des tempêtes, et des ouragans … Au-dessus de nous … qu'est-ce qu'il y a? … Faites-moi rêver vous qui vivez haut …

HENRI. Je ne vis pas très haut Inès … Même plutôt assez bas pour dire la vérité.

INÈS. Ah bon?

HENRI. Vous voyez bien. Passer d'une joie absurde à une mélancolie aussi absurde. Tout ça ne repose sur rien.

Léger temps.

HUBERT. En tout cas, Henri, pour revenir à vos affaires, si vous publiez d'ici la fin de l'année, moi je me ferai un devoir de parler de vous au comité.

HENRI. Hubert, rien ne vous y oblige!

SONIA. Tu ne bois pas un peu trop, Henri?

HUBERT. Je parlerai de vous parce que vous êtes un homme pur, vous avez du talent mais vous n'avez

3 **un édifice:** Gebäude.
7 **subitement** (adv.): plötzlich.
10 **le cube:** Würfel, (Bau-)Klötzchen.
la tempête: Sturm.
10f. **un ouragan:** Wirbelsturm.
17 **reposer sur qc:** auf etwas beruhen, sich auf etwas stützen.

pas l'esprit belligérant. Vous n'êtes pas doté des capacités stratégiques de certains de vos collègues. Une carrière, c'est un plan de guerre.

HENRI. Présenté comme ça, ça me fait vomir.

HUBERT. Alors je parlerai de vous pour m'attirer les bonnes grâces de Sonia à qui j'ai l'impression d'être antipathique.

INÈS. Tu crois être drôle mais tu es d'une lourdeur.

SONIA. L'élégance aurait consisté à soutenir mon mari sans le faire savoir. Un coup de pouce dans l'ombre.

HUBERT. Vous voyez que je vous suis antipathique.

HENRI. Qui veut le dernier cumin?

HUBERT. Mangez-le Henri.

Un temps.

HENRI. Pour moi ce sont les meilleurs, ceux au cumin.

HUBERT. Moi ce soir j'ai découvert … quoi déjà? … les Fingers. Tu retiens ce nom Inès.

HENRI. Vous pourrez vous vanter d'avoir reçu l'accueil le plus merdique de votre existence.

HUBERT. Je voudrais comprendre Henri cet accès de morosité. En sommes-nous responsables?

1 **belligérant, e:** kämpferisch, kriegerisch.
être doté, e de qc: mit etwas ausgestattet, begabt sein.
1 f. **la capacité:** Fähigkeit.
4 **vomir:** sich übergeben.
6 **les bonnes grâces** (pl.): Wohlwollen, Gewogenheit (*la grâce:* Gnade, Gunst).
8 **la lourdeur:** Schwerfälligkeit, Plumpheit.
20 **merdique** (pop.): beschissen.
21 **un accès:** Zugang; hier: Anwandlung.
22 **la morosité:** Niedergeschlagenheit.

SONIA. Henri veut que les choses arrivent et qu'elles n'arrivent pas. Il veut à la fois réussir et ne pas réussir, être quelqu'un et ne pas être quelqu'un. Être vous Hubert et être un raté, il veut qu'on l'aide et qu'on le rejette. Voilà comment est Henri, Hubert, un homme qui passe de la joie à la mélancolie et de la mélancolie à la joie, qui soudain s'agite, se lève d'un bon pied et s'agite, et croit que la vie est pleine de promesses et se voit avec le Russell Prize ou le Nobel, prend des airs de conspirateur excité et sans raison, tout à coup, s'accable, se paralyse et au lieu de la hâte et au lieu de l'impatience, le doute, et l'incertitude, et au lieu du désir, le doute et l'immense incertitude, les gens sont plus ou moins bien préparés à la vie …

INÈS. J'ai filé mon collant.

HENRI. Elle était avocate avant de travailler pour un groupe financier. À mon avis, elle pouvait faire acquitter n'importe quel criminel.

HUBERT. Tu devrais poser ton verre, Inès.

INÈS. Je me suis fanée en deux heures. Est-ce que

5 **rejeter qn:** jdn. zurückweisen.
8 **s'agiter:** sich geschäftig betätigen.
10f. **le conspirateur:** Verschwörer.
11 **s'accabler:** trübsinnig, depressiv werden.
12 **se paralyser:** untätig werden, sich selbst lähmen.
la hâte: Hast.
12f. **une impatience:** Ungeduld.
13 **le doute:** Zweifel.
une incertitude: Ungewissheit.
le désir: Wunsch, Verlangen.
19 **acquitter:** freisprechen.
n'importe quel criminel: ganz gleich welchen, jeglichen Verbrecher.
21 **se fâner:** verblühen, welken.

vous savez qu'Hubert vient d'être nommé à l'Académie des sciences?

Silence.

SONIA. Vous venez d'être nommé à l'Académie des sciences?

HUBERT. Était-ce utile de le clamer sur les toits?

INÈS. Sur les toits c'est vexant, nous sommes chez nos amis.

HUBERT. Nos amis s'en foutent.

SONIA. Vos amis ne s'en foutent pas Hubert, vos amis – le mot est peut-être exagéré – vos amis mesurent la distance. Ils s'inclinent. Ils veulent se réjouir avec vous, mais …

HENRI. Ils se réjouissent, bravo Hubert, qu'est-ce qu'elle raconte?

SONIA. Ils se réjouissent, oui.

HENRI. Nous nous réjouissons. L'Académie, quel parcours Hubert! L'Académie que nous fêtons avec des chips et des Apéricubes! Nous nous réjouissons, et même voyez-vous si je me sens ce soir tout à coup frappé de légère solitude, je me réjouis sincèrement Hubert de cette apothéose.

1 **nommer:** ernennen, berufen.
6 **clamer qc sur les toits** (fig.): etwas in alle Welt hinausschreien (*le toit:* Dach).
7 **vexant, e:** ärgerlich.
11 **mesurer qc:** etwas ermessen, (richtig) beurteilen.
12 **s'incliner:** sich verbeugen.
17f. **le parcours:** Weg, Werdegang.
18 **fêter:** feiern.
21 **la solitude:** Einsamkeit.
22 **une apothéose:** Apotheose, Erhöhung.

HUBERT. Apothéose. Bon. *(Il se lève.)* Inès. Il est tard, nous devons prendre congé. *(Inès se lève.)* Je parlerai de vous au comité, Henri. Dans l'ombre. Envoyez-moi votre article avant même de le faire référer.

INÈS. Merci pour cette bonne soirée. Il est temps que je disparaisse, un seul verre suffit déjà à m'étourdir.

HUBERT. Au revoir Sonia …

SONIA. Au revoir …

Ils partent.

Henri et Sonia restent seuls.
Silence.

HENRI. Il dort?

SONIA. On dirait.

On entend, venant de la chambre de l'enfant, la musique de Rox et Rouky.

4 f. **référer qc:** etwas (zur Begutachtung) vorlegen.
7 **étourdir qn:** jdn. benommen machen, benebeln.

TROIS VERSIONS DE LA VIE

de Yasmina Reza

a été créé le 7 novembre 2000
au théâtre Antoine (Paris)

Mise en scène: Patrice Kerbrat
Assistante: Anne Bourgeois
Décor: Édouard Lang
Lumière: Laurent Béal
Costumes: Pascale Fournier

Distribution
HENRI: Richard Berry
SONIA: Catherine Frot
HUBERT: Stéphane Freiss
INÈS: Yasmina Reza

3 **créer:** hier: zum ersten Mal inszenieren, uraufführen.
5 **la mise en scène:** Inszenierung.
10 **la distribution:** hier: Besetzung.

Editorische Notiz

Der französische Text folgt der Ausgabe: Yasmina Reza, *Trois versions de la vie,* Paris: Albin Michel, 2000. Das Glossar enthält in der Regel alle Wörter, die nicht zum Grundwortschatz der Wortschatzsammlung *Thematischer Grund- und Aufbauwortschatz Französisch* (Stuttgart: Klett, 2000) zählen; allerdings wurden Wörter, die aufgrund gängiger Wortbildungsregeln vom Grundwort abgeleitet werden können, sowie geläufige Internationalismen nicht berücksichtigt. Der sprachlich relativ einfache Text sollte daher schon für Leser mit guten Grundkenntnissen im Französischen verständlich sein.

Im Glossar verwendete französische Abkürzungen

adv.	adverbe
angl.	anglais, anglicisme
enf.	langage enfantin (Kindersprache)
esp.	espagnol
f.	féminin
fam.	familier (umgangssprachlich)
fig.	figuré (übertragen)
interj.	interjection (Ausruf)
iron.	ironique
lat.	latin
litt.	littéraire (literarisch, gehoben)
m.	masculin
péj.	péjoratif (herabsetzend)
pop.	populaire (salopp, derb)
pl.	pluriel
qc	quelque chose

qn	quelqu'un
subj.	subjonctif (Konjunktiv)
vulg.	vulgär
vx.	vieux (veraltet)

Werke von Yasmina Reza

Conversations après un enterrement. [Paris, Théâtre Paris-Villette, 15 janvier 1986.] Paris: Papiers, 1986.

La traversée de l'hiver. Arles: Actes Sud, 1989.

Art. [Paris, Comédie des Champs-Élysées, 28 octobre 1994.] Arles: Actes Sud / [Paris:] Papiers, 1994.
Dt.: *Kunst. Komödie für drei Schauspieler.* Aus dem Frz. von Eugen Helmlé. Lengwil: Libelle-Verlag, 1996. – Auch in: *Spectaculum* 62. Moderne Theaterstücke. Frankfurt a. M.: Suhrkamp, 1996. S. 167–204.
«Art». Présentation, notes, questions et après-texte établis par Jocelyne Hubert. Paris: Magnard, 2002. (Classiques & contemporains. 40.) [Ausgabe für den Schulgebrauch.]
Art. Texte et documents. Présentation et notes par Peter Müller et Helga Zoch. Stuttgart: Klett, 1998.
Art. Dossier pédagogique par Peter Müller et Helga Zoch. Stuttgart: Klett, 1999.

L'homme du hasard. [Paris, Théâtre Hébertot, 19 septembre 1995.] Arles: Actes Sud, 1995. – Neuausg. Paris: Albin Michel, 1997.

Hammerklavier. *Récit.* Paris: Albin Michel, 1997. – *Hammerklavier.* Enregistrement sonore, lu par l'auteure. Paris: Des Femmes, 2006. (La bibliothèque des voix.)
Dt.: *Hammerklavier. Eine Sonate.* Aus dem Frz. von Eugen Helmlé. Zürich: Ammann, 1998.

Théâtre. [*Conversations après un enterrement – La traversée de l'hiver – Art.*] Paris: Albin Michel, 1997.

Une désolation. *Roman.* Paris: Albin Michel, 1999.
Dt.: *Eine Verzweiflung. Roman.* Aus dem Frz. von Eugen Helmlé. München [u. a.]: Hanser, 2001.

Le pique-nique de Lulu Kreutz. Paris: Albin Michel, 1999.

Trois versions de la vie. [Paris, Théâtre Antoine, 7 novembre 2000.] Paris: Albin Michel, 2000.
Dt.: *Drei Mal Leben.* Aus dem Frz. von Eugen Helmlé. Lengwil: Libelle-Verlag, 2000. – Auch in: *Spectaculum* 73.

Moderne Theaterstücke. Frankfurt a. M.: Suhrkamp, 2002. S. 57–96.
Gesammelte Stücke. [*Gespräche nach einer Beerdigung – Reise in den Winter – »KUNST« – Der Mann des Zufalls.*] Aus dem Frz. von Eugen Helmlé. Lengwil: Libelle-Verlag, 2000.
Adam Haberberg. Roman. Paris: Albin Michel, 2002. – Neuausg. u. d. T. ***Hommes qui ne savent pas être aimés.*** Paris: Albin Michel, 2009.
Dt.: *Adam Haberberg. Roman.* Aus dem Frz. von Frank Heibert und Hinrich Schmidt-Henkel. München: Hanser, 2005.
Une pièce espagnole. Paris: Albin Michel, 2004.
Dt.: *Ein spanisches Stück. Schauspiel.* Aus dem Frz. von Frank Heibert und Hinrich Schmidt-Henkel. Lengwil: Libelle-Verlag, 2004.
Das Lachen als Maske des Abgründigen. Gespräche mit Ulrike Schrimpf. Transkribiert und aus dem Frz. übers. von Ulrike Schrimpf. Lengwil: Libelle-Verlag, 2004.
Dans la luge d'Arthur Schopenhauer. Paris. Albin Michel, 2005.
Dt.: *Im Schlitten Arthur Schopenhauers.* Aus dem Frz. von Frank Heibert und Hinrich Schmidt-Henkel. München: Hanser, 2006. (Edition Akzente.)
Nulle part. *Autobiographie.* Paris. Albin Michel, 2005.
Le Dieu du carnage. [Paris, Théâtre Antoine, 2008.] Paris: Albin Michel, 2006.
Dt.: *Der Gott des Gemetzels. Schauspiel.* Aus dem Frz. von Frank Heibert und Hinrich Schmidt-Henkel. Lengwil: Libelle-Verlag, 2006. – Auch in: *Spectaculum* 79. Moderne Theaterstücke. Frankfurt a. M.: Suhrkamp, 2008. S. 93–131.
L'aube le soir ou la nuit. Paris: Flammarion, 2007.
Dt.: *Frühmorgens, abends oder nachts.* Aus dem Frz. von Frank Heibert und Hinrich Schmidt-Henkel. München: Hanser, 2008.

Nachwort

Die Autorin

Yasmina Reza kann mit Fug und Recht der Star unter den französischen Theaterautoren der Gegenwart genannt werden. Sie wird am 1. Mai 1959 in Paris geboren. Ihre Mutter ist ungarischer Herkunft und eine erfolgreiche Musikerin. Ihr Vater, der in Moskau geboren wurde, ist iranischer Abstammung. Auch er lebt wie Yasminas Mutter leidenschaftlich seine musikalische Begabung, die auch die Tochter erkennen lässt. Zunächst studiert sie Soziologie und Theaterwissenschaften und wechselt nach einem vergeblichen Versuch, zum Konservatorium zugelassen zu werden, ins Schauspielfach. 1985 feiert sie in Sacha Guitrys *Le veilleur de nuit* ihre ersten Erfolge auf einer Bühne und beginnt schon bald danach, ihr erstes Theaterstück zu schreiben, *Conversation après un enterrement.* Sie findet mit diesem Stück Anerkennung und die Kritik stellt fest, dass mit Yasmina Reza eine begabte Autorin zu entdecken ist, die beim Schreiben von ihrer Bühnenerfahrung profitiert. Als Patrice Kerbrat *Conversation après un enterrement* einige Jahre nach seinem Erscheinen inszeniert und zu einem Publikumserfolg macht, ist der Durchbruch zur anerkannten Autorin geschafft. Nach *La traversée de l'hiver* und *L'homme du hasard* folgt 1994 das Stück *Art*, mit dem sie sowohl die französischen Kritiker als auch das Publikum zu Begeisterungsstürmen hinreißt. Die Auszeichnung des Stücks mit dem »Molière«, dem renommierten französischen Theaterpreis, scheint zwangsläufig. Und beinahe gleichzeitig mit ihrem überwältigenden Erfolg in Frankreich erobert ihr Stück die Bühnen der Welt. *Art* wird in beinahe vierzig Sprachen übersetzt und Yasmina Reza erhält 1998 als erste nicht-englischsprachige Schriftstellerin den »Tony Award«, mit dem der beste Theaterautor eines Jahres geehrt wird.

Bald schon nach den triumphalen Erfolgen von *Art* stellt

Yasmina Reza unter Beweis, dass sie nicht nur eine begabte Theaterautorin ist. Mit dem autobiografischen Bericht *Hammerklavier* veröffentlicht sie 1997 ihr erstes Prosawerk, in dem sie mit dichten, eindringlichen Kurztexten zu überzeugen vermag. Noch im Erscheinungsjahr erhält sie dafür den »Prix de la Nouvelle de l'Académie française«. Zwei Jahre später folgt ihr erster Roman, *Une désolation*, und im Oktober 2000 kommt ihr Stück *Trois versions de la vie* in Paris zur Uraufführung. Ihr Weltruhm garantiert diesem Stück von Anfang an höchste Aufmerksamkeit und den Erfolgen in Paris folgen in den nächsten Monaten Aufführungen u. a. in London, Wien und Hamburg, die Yasmina Rezas Ruf als erfolgreichste Theaterautorin der Gegenwart festigen.

Der Inhalt

Henri und Sonia, ein Ehepaar in den Vierzigern, haben gerade ihren Sohn Arnaud ins Bett gebracht und möchten den Rest des Abends für sich nutzen. Sie haben aber die Rechnung ohne das Kind gemacht. Mit immer neuen Wünschen stört es nicht nur die erhoffte Abendruhe, sondern treibt die Eltern in einen Streit. Die Situation wird noch komplizierter, als Hubert und Inès Finidori unerwartet zu Besuch erscheinen. Da die ›Gastgeber‹ keine Gäste erwarteten, haben sie auch keine Vorbereitungen getroffen. Während die vier Personen sich wohl oder übel mit dem zufriedengeben müssen, was die Küche bzw. der Kühlschrank noch an Resten bereithält, nimmt der Abend einen unerwarteten Verlauf. Dass Arnaud weiterhin keine Ruhe geben will, trägt seinen Teil zu den sich steigernden Irritationen bei, die die Begegnung zwischen den vier Erwachsenen immer stärker belasten und zu einem heftigen Schlagabtausch führen. Der Abend endet in einem Fiasko.

Die Besetzung der Uraufführung, von links nach rechts: Stéphane Freiss (Hubert), Richard Berry (Henri), Catherine Frot (Sonia), Yasmina Reza (Inès) – Foto: Raymond Delalande / Le Journal du Dimanche

Der Aufbau

Der Titel des Stücks spiegelt seinen Aufbau wider. Dem Zuschauer werden sukzessive drei in sich geschlossene Episoden geboten, die alle denselben, gerade wiedergegebenen inhaltlichen Kern variieren. Eine Auseinandersetzung der Eltern mit ihrem Kind und ihr Streit, der durch das Kind ausgelöst wird, leitet die beiden ersten Versionen des Stückes ein (S. 7–46, 49–72). Diese Anfänge stellen eine Art Exposition insofern dar, als der Zuschauer über einige Persönlichkeitsmerkmale von Sonia und Henri unterrichtet wird und Einblick in ihre Beziehung erhält. Dabei spielt die zweite Fassung des Anfangs Eigenarten und Verhaltensmuster der Eltern durch, die sich von der ersten Episode unterscheiden. Konsequenterweise gestalten sich auch die Beziehungsebene und die Umgangsformen des Paares anders. In Version 3 (S. 75–91) verzichtet Yasmina Reza auf diesen Teil.

In Version 1 wird die Exposition durch eine zweite Szene ergänzt, die auf der Straße spielt und in welcher das zweite Ehepaar des Stückes, Hubert und Inès Finidori, vorgestellt wird. Diese Szene ist insofern von besonderer Bedeutung, als dem Zuschauer nicht nur die Beziehungsebene eines weiteren Paares anhand eines kurzen Disputs vorgeführt wird, sondern auch ihre Beziehung zu Sonia und Henri, zu denen sie in Kontrast gesetzt werden. Diese Erweiterung der Exposition entfällt in den Versionen 2 und 3. Zumindest zu Beginn des dritten Teils wird dieser Verzicht auch auf der Handlungsebene nachvollziehbar, denn in dieser Szene hat Inès keine Laufmasche – sie hatte den Anlass für den Disput der Finidoris am Anfang des Stückes gebildet (vgl. S. 15 f.).

Welche Bedeutung das Ehepaar Finidori für Sonia und Henri hat, wird dem Zuschauer bewusst, als der unerwartete Besuch klingelt. Das Läuten bereitet in Fassung 1 und 2 den Besuch von Hubert und Inès Finidori unmittelbar vor. Das Läuten stellt gewissermaßen einen ›Einfall‹ im dürrenmattschen Sinne dar. Die überraschten Henri und Sonia werden mit einer unvorhergesehenen Situation konfrontiert, die ihren wegen des Sohnes aufgebrochenen Beziehungskonflikt verschärft. Diese Szene steht im Kontrast zur Eingangsszene und wirft schlagartig ein neues Licht auf Henri. Zum einen zeigt seine Reaktion auf das Läuten (er öffnet den Besuchern gegen den Willen Sonias), in welch tiefer Abhängigkeit er sich von Hubert Finidori befindet. Zum anderen beweist er ein Durchsetzungsvermögen gegenüber seiner Frau, das der Zuschauer ihm bisher nicht zugetraut hätte. Auf diese Szene wird in Version 3 verzichtet.

Die Begegnung zwischen den beiden Ehepaaren im Wohnzimmer von Sonia und Henri stellt das Zentrum des Stückes dar. Ihre Bedeutung wird dadurch untermauert, dass diese Szene Bestandteil aller drei Versionen ist und den größten Raum im Stück einnimmt. Zwar nimmt der Umfang dieses

Teils von der ersten zur dritten Fassung ab, aber der dritte Teil konzentriert sich voll und ganz auf diese Begegnung. Sie erscheint in der Darstellung drei Mal unverzichtbar und ist, anders als die vorangehenden Teile des Stückes, offensichtlich auch für eine dritte Variante interessant und ergiebig.

Das Bühnenbild

Yasmina Reza bedient sich bei der Gestaltung des Bühnenraums, einem »salon«, des in zeitgenössischen Theaterstücken nicht selten anzutreffenden Mittels der Reduktion und Beschränkung. Ihre Bühnenanweisung macht deutlich, dass es ihr nicht um die illusionsschaffende Nachgestaltung eines realistischen Ortes geht. Den Salon, so die Szenenanweisung, soll die Bühne »le plus abstrait possible« darstellen, »L'idée du salon«. Auf die Möglichkeit, mit der Gestaltung eines Raumes Auskünfte über seine Bewohner (wie Geschmack, Vorlieben, Wohnstil) zu erteilen und Anhaltspunkte für deren Charakterisierung zu geben, schon bevor sie die Bühne betreten, wird bewusst verzichtet. Die fehlende Konkretisierung des Ortes wird durch den Hinweis noch verstärkt, dass weder Mauern noch Türen vorgesehen sind, der Zuschauer den Eindruck gewinnen soll, als spiele sich das folgende Geschehen »à ciel ouvert« ab. Der Bühnenraum ist nicht in einen bestimmten gesellschaftlichen Kontext eingebettet, sondern daraus offensichtlich bewusst herausgelöst. Der auf das Wesentliche reduzierte und abstrakt gehaltene Salon vermeidet die Ablenkung des Zuschauers und fokussiert dessen Aufmerksamkeit auf die agierenden Personen. Insofern kann der Salon von Henri und Sonia als Bestandteil einer Versuchsanordnung wahrgenommen werden und bietet die Voraussetzung dafür, dass auf der Bühne ein Experiment, eine »démonstration«, ablaufen kann.

Erwachsenen ist die Situation, die das Stück zunächst vorführt, nur allzu bekannt, ob sie nun selbst Kinder haben oder nicht. Das Kind ist zu Bett gebracht und die Eltern wünschen, von ihm in Ruhe gelassen zu werden, ihre Aufmerksamkeit anderen Dingen zuwenden zu können. Sonia, die Mutter, demonstriert ihren Anspruch auf einen ungezwungenen Abend dadurch, dass sie in ihrer »robe de chambre« auf der Bühne sitzt. Sie möchte sich auf eine Konferenz am nächsten Morgen vorbereiten und Akten lesen. Anstatt aber zu schlafen, stört das Kind, konfrontiert seine Eltern mit immer neuen Wünschen und stellt ihre Geduld auf eine harte Probe. Wie sehr die Eltern ihr Kind als unerwünschten Störfaktor begreifen und wie wenig sie geneigt oder bereit sind, sich ihm zuzuwenden oder gar ihm ihre Zuneigung zu zeigen, lässt sich daran ablesen, dass sie von ihm zunächst wie von einem anonymen Wesen sprechen (»Il«).

Was die Eltern in einen sich steigernden Zwist über die richtige Verhaltensweise gegenüber dem Kind treibt, wird zunächst zum sich steigernden Vergnügen des Zuschauers, der auf der Bühne vieles von dem wiederentdecken kann, was er selbst schon kennt oder von dem er zumindest gehört hat. Ursache für den sich zuspitzenden Konflikt ist die mit zunehmender Schärfe geführte Diskussion der Eltern über erzieherische Grundprinzipien. Henri scheint der Pragmatischere, Nachgiebigere, dem Kind Zugewandtere von beiden zu sein und würde gerne auf dessen Forderungen eingehen. Obwohl Sonia das größere Interesse an der abendlichen Ruhe hat, verweigert sie dies und beharrt auf der Durchsetzung von Erziehungsprinzipien. Dabei gewinnt der Zuschauer den Eindruck, dass ihr rigideres Vorgehen das Festhalten des Kindes an seinen Wünschen nicht nur verstärkt. Jedes Mal, wenn sie anstelle von Henri in das Kinderzimmer geht um für Ruhe zu sorgen, beginnt das Kind zu weinen. Ihre Prinzipientreue und Standhaftigkeit erweisen sich als völlig inadäquate Mittel und sie raubt sich mit ihrem Vorgehen gerade das, wonach sie sich sehnt. Das nachsichtigere Vorgehen von Henri ist auf den ersten Blick erfolgreicher, denn es gelingt ihm zumindest immer wieder, das von Sonia zum Weinen gebrachte Kind zu beruhigen. Übrigens spielt das Stück in diesem Zusammenhang mit der Enttäuschung bzw. Verkehrung von Rollenklischees bzw. -erwartungen (Mann: sanft, verständnisvoll, gibt dem Kind Erklärungen, Liebkosungen; Frau: hart, streng, prinzipienfest, Zurückweisung von Liebkosungen, Liebesentzug, Verweigerung der Zuwendung). Außerdem wird deutlich, dass Henri einen hohen Preis für seinen ›Erfolg‹ bezahlen muss: Arnaud, der einen wahrhaften Machtkampf begonnen hat, stellt seinen Eltern ständig neue Forderungen. Damit scheitern letztlich sowohl Henris verständnisvolleres, kompromissbereiteres Vorgehen als auch das rigidere von Sonia. Sie weiß sich schließlich nicht mehr anders zu helfen, als das Kind mit drastischen Worten zur Raison zu rufen (»La ferme, Arnaud«, »Ta gueule«, S. 13). Ohne in ihrem Ansinnen auch nur einen Schritt weiter zu kommen, fällt die prinzipienfeste Mutter aus der Rolle und leistet damit ihren erzieherischen Offenbarungseid.

Die miteinander konkurrierenden Haltungen von Henri und Sonia nutzt die Autorin um die Auseinandersetzung der Eltern auf die Spitze zu treiben: der immer heftiger werdende verbale Schlagabtausch zwischen ihnen erreicht seinen Höhepunkt, als beide handgreiflich werden und Sonia um Hilfe ruft. Der Machtkampf, den das Kind mit den Eltern führt, hat diese gespalten und ihrerseits in einen Machtkampf getrieben, der an dieser Stelle eskaliert. Allerdings bricht die Darstellung des Kampfes zwischen den beiden »brutalement, en pleine action« (S. 15) ab. Dieser erste Temperamentsausbruch stellt eine Art ›Vorspiel‹ dar und deutet an, welches Aggressionspotenzial in diesen gebildeten Menschen schlummert und zu welchen Ausbrüchen sie sich hinreißen lassen könnten.

Die nun folgende Szene, die auf der Straße spielt, stellt sowohl einen Kontrast als auch eine Parallele zur vorhergehenden wie zur nachfolgenden dar. Sie führt uns ein weiteres

Paar vor, Inès und Hubert Finidori, das sich in einer heftigen Auseinandersetzung befindet. Auslösendes Moment ist die Laufmasche von Inès, wegen der sie gerne auf den Besuch verzichten würde. Bei diesem Paar scheinen die Machtverhältnisse klarer zu liegen als bei Sonia und Henri. Sie folgen dem traditionellen Rollenverständnis von Mann und Frau. Obwohl Inès mehrere Einwände gegen den Besuch vorbringt, beharrt Hubert auf diesem und setzt ihn auch durch. Zugleich offenbart die Auseinandersetzung, welcher Art die Beziehung zumindest von Hubert zu Henri und Sonia ist: »on se fout de ces gens« (S. 16). Dieser Eindruck wird untermauert, als Hubert unverblümt ausspricht, dass Henri für sein berufliches Weiterkommen auf seine Unterstützung angewiesen sei. Hubert ist sich seiner Überlegenheit vollauf bewusst und seine Prognose (»ils seront courbés en deux«, ebd.) lässt erahnen, dass er diese Überlegenheit auszuspielen beabsichtigt. Er scheint an Situationen Gefallen zu haben, die für andere Menschen erniedrigend sind. Sowohl in seiner Ehe als auch im Beruf verkörpert er den dominierenden Part, der seine Interessen bedenken- und kompromisslos verfolgt. Insofern steht er in scharfem Kontrast zu dem Henri, der bisher gezeigt wurde. Huberts Prognose, mit der die Szene endet, verheißt dem Zuschauer eine problembelastete, konfliktbeladene Begegnung zwischen den beiden Paaren und dient dem Aufbau der Spannung.

Nach dem kurzen Zwischenspiel auf der Straße führt die Handlung zurück in das Wohnzimmer, in dem sie begonnen hat. Hubert scheint ein Reizthema in der Beziehung darzustellen, weil Sonia nicht mit Henris Verhalten ihm gegenüber einverstanden ist. Bevor Hubert selbst wieder auf der Bühne erscheint, nimmt er eine Stellung ein, die er nach seinem Eintreffen untermauern wird: er ist das Zentrum der dramatischen Handlung, spielt die Schlüsselrolle. Das Klingeln an der Tür unterbricht abrupt das Gespräch über ihn. Henri selber unterstreicht Huberts beinahe übermächtige Rolle in seinem Leben, wenn er sein unvorbereitetes Erscheinen als »catastrophe« bezeichnet – was er ganz offensichtlich ernst meint. Dass Henri und Sonia auf diesen ›Einfall‹ nicht vorbereitet sind, fördert die Evidenz ihrer Reaktionen. Nach einem kurzen Moment der Ratlosigkeit übernimmt Henri das Kommando, denn für ihn scheint die Begegnung mit Hubert unverzichtbar zu sein. Seine Abhängigkeit wird sichtbar, als der softe Henri sich nach einem erneuten Handgemenge mit Sonia resolut durchsetzt und gegen ihren Willen öffnet. Zum zweiten Mal innerhalb kurzer Zeit straft er sein Verhalten zu Beginn des Stücks Lügen und lässt erahnen, dass das gegen Sonia und Arnaud verteidigte Selbstbild des Nachgiebigen, Fürsorglichen und Nachsichtigen einer Fehlwahrnehmung entspringt. Außerdem fördert sein Verhalten beim um die Straßenszene wissenden Zuschauer die Neugier bzw. die Spannung: es steht ganz offensichtlich eine Begegnung bevor, die für die beiden Männer von besonderer Brisanz und Wichtigkeit ist. Dass sie zueinander in einem Abhängigkeitsverhältnis stehen, steigert die Spannung zusätzlich.

Sonia beugt sich Henris Willen. In der nächsten Szene hat sie sich umgezogen, obwohl sie das vorher kategorisch abgelehnt hatte. Aber auch die protestierende Inès hat sich Hubert untergeordnet und sitzt mit Laufmasche auf der Bühne. Beide Männer haben ihren Führungsanspruch durchgesetzt. In diesem Sinne erweisen sich Henri und Hubert zu Beginn des gemeinsamen Abends als ebenbürtig.

Dem unvorhergesehenen Zusammentreffen der Paare entspricht das improvisierte und eher bescheidene Angebot der Gastgeber an die Gäste. Einerseits entbehrt die Situation der vier beim Verzehr von Chips etc. sitzenden Erwachsenen nicht einer gewissen Komik. Andererseits wird dadurch die Lächerlichkeit des Ansinnens, den Schein zu wahren, betont. Die Anwesenden ignorieren die Unangemessenheit der Situation. Hubert ist es nicht peinlich, das Dargebotene ganz in der Manier des aufmerksamen Gastes zu loben (»Pas mauvais …«, S. 21). Inès, die in der Szene auf der Straße nicht zum Zuge kam, erweckt den Eindruck, als sei sie in ihrem Element; sie äußert sich redundant und sprunghaft über Fragen der Kindererziehung. Grundsätzliche Differenzen zwischen ihr und Hubert, die schon auf der Straße aufleuchteten, werden auch bei diesem Thema deutlich und in die abendliche Gesellschaft hineingetragen. Zunächst versuchen aber alle, diese nicht zum Störfaktor werden zu lassen (Lachen).

Hubert zeigt immer wieder, dass er die Sprache der inhaltsleeren Höflichkeitsfloskeln und der nichtssagenden Konversation am meisten von allen verinnerlicht hat. Diese Sprache steht im Einklang mit einem selbstsicheren, weltgewandten Auftreten. Zunächst ist er bemüht, keine Peinlichkeiten aufkommen zu lassen bzw. diese wortgewandt zu entschärfen. Er kann aber auch anders und zeigt in solchen Situationen, wie kompromisslos und unerbittlich bis zur Unerträglichkeit er gegenüber seinen Mitmenschen sein kann. Immer mehr wird er zum den Ablauf des Abends dominierenden und bestimmenden ›Spielleiter‹. So lenkt er etwa nach einer frauenfeindlichen Bemerkung gegenüber Inès, deren Gerede ihn nervt, das Gespräch unvermittelt auf Henris wissenschaftliche Arbeit. Es wird rasch deutlich, dass sein Vorwand, Henri aus Kollegialität informieren zu wollen, ebenso geheuchelt ist wie seine anschließenden Versuche, Henri zu trösten. Obwohl er nicht mit letzter Gewissheit weiß, ob die wissenschaftliche Arbeit, die Henris Ergebnisse wertlos machen könnten, tatsächlich diese Qualität besitzt (S. 22), gibt er die Information preis. Er weiß, dass damit Henris wissenschaftliche Laufbahn ruiniert wäre (»mort scientifique«, S. 25) und ihn diese Nachricht tief erschüttern muss. Allen Beteuerungen zum Trotz scheint er es auf diese Erschütterung angelegt zu haben. Etwas später gibt er sogar zu erkennen, dass er sich über die Konsequenz seiner Nachricht völlig im Klaren ist: »Déjà il peut dire adieu …« (S. 37).

Mit diesem zweiten ›Einfall‹ zerstört Hubert die Grundlage für einen Fortgang des Abends, der die Spielregeln einer solchen Begegnung befolgt. Zwar werden vereinzelt Versuche unternommen, diese Spielregeln zur Geltung zu bringen und die Situation zu normalisieren. Das Unterfangen ist aber wegen der tiefen Erschütterung Henris zum Scheitern verurteilt. Hinzu kommt, dass nun auch Arnaud sich wieder meldet und seine Eltern mit neuen Forderungen konfrontiert. Die dadurch auf der Bühne heraufbeschworene Situation ist durch eine in rasantem Tempo sich fortsetzende, inhaltlich sprunghafte Auseinandersetzung gekennzeichnet. Antriebskräfte in diesem rasanten Spiel sind zum einen die grundverschiedenen Persönlichkeiten der beiden Männer. Henri, der zur Larmoyanz und Selbstabwertung neigt (»un raté«, S. 33), sieht keinen Ausweg aus der für ihn bedrohlichen Situation. Hubert, der selbstgefällige, vor Selbstbewusstsein strotzende, als Wissenschaftler erfolgreiche Macho, bekennt sich offen zu den unerbittlichen Prinzipien des Konkurrenzkampfes und glaubt, dass Henri diesem Kampf nicht gewachsen ist.

Zum anderen erhält die Situation eine wachsende Brisanz durch die Spannungen grundsätzlicher Natur bzw. die Beziehungskrise, die beide Paare erkennen lassen. Inès, die dem Wein mehr zuspricht, als sie sollte, wehrt sich immer unverblümter gegen Huberts Bevormundung (S. 36, 38). Die Lage spitzt sich zu, als Sonia ein Gespräch belauscht, in dem sich Hubert und Inès alleine und unbeobachtet glauben. Sie erfährt, was Hubert tatsächlich über Henri denkt: »il est maudit« (S. 37). Diese Aussage reißt offensichtlich eine Wunde Sonias neu auf und sie gibt ihre bisherige Zurückhaltung auf, geht in die Offensive. Auch Inès glaubt sich jetzt zu offeneren Worten berechtigt. Der zwischen ihr und Hubert schwelende, aber immer wieder gezügelte Konflikt bricht offen aus. Inès klagt ihren Gatten an, ohne Rücksicht auf die Umstände zu nehmen. Auf jegliche Höflichkeitsfloskeln wird verzichtet und auch Huberts Versuche, die Situation zu entspannen, erweisen sich als untauglich. Hubert schätzt die Lage durchaus richtig ein, wenn er feststellt: »Il y a un vrai vent de folie ce soir dans cette maison« (S. 37).

Auf der Bühne scheint ein Bann gebrochen und der Moment der gegenseitigen Abrechnung gekommen zu sein. Beide Paare schon länger belastende Konflikte, Enttäuschungen, Frustrationen, Demütigungen etc. kommen zum Ausbruch. In nicht zu übertreffender Offenheit beginnen sich die vier Erwachsenen gegenseitig zu entlarven und zu attackieren.

Die Rasanz des Spiels erfährt erneut eine Steigerung. Damit einher geht eine Phase, in der die Beziehungen zwischen den Personen auf der Bühne völlig instabil sind. Einerseits kommt in der folgenden Auseinandersetzung niemand ungeschoren davon. Andererseits findet ein ständiger Wechsel der Rollen und der Allianzen statt. Angreifer werden zu Angegriffenen, Angegriffene zu Angreifern, wer eben noch von jemandem Unterstützung erfahren hat, wird im nächsten Moment von diesem angegangen. In raschem Wechsel werden alle möglichen Varianten der gegenseitigen Solidarisierung und der Isolierung bzw. Attacke durchgespielt und die Situation auf der Bühne erweist sich als völlig verfahren und unübersichtlich. Was begann als vermeintlicher Kampf der Geschlechter artet aus zum Kampf jeder gegen jeden, in dem Koalitionen mit anderen nicht dem Beistand dienen, sondern dem Zweck, selber über die anderen zu triumphieren bzw. mit diesen abzurechnen.

Als Katalysator mit enormer Sprengkraft erweist sich nicht nur der Alkoholkonsum von Inès, sondern die durch das belauschte Gespräch aus der Verdrängung aktivierte Enttäuschung von Sonia über das Versagen Henris (vgl. S. 44: »Quand j'ai épousé Henri, je pensais ...«). Auf dem Höhepunkt der Auseinandersetzung, bei der alle Gepflogenheiten des Anstands außer Acht gelassen werden, hält Arnaud den Erwachsenen den Spiegel vor und macht ihnen bewusst, wie sehr sie an diesem Abend aus der Rolle gefallen sind: »Il dit qu'on l'empêche de dormir« (S. 46). In seinem nicht zu überbietenden Hang zum Selbstzweifel und zur Zerstörung seiner selbst provoziert Henri am Ende der Szene einen weiteren Höhepunkt, indem er Hubert nötigt, ihm zu sagen, was er wirklich von ihm hält. Inès und Hubert verlassen die Gastgeber, Henri und Sonia bleiben alleine zurück. Der Zuschauer ahnt, dass das Drama für die beiden noch lange nicht vorüber ist, sondern möglicherweise erst richtig beginnt.

Zweite Version

Der Anfang der zweiten Fassung des Stücks ist darauf angelegt, rasch, beinahe ohne Umschweife zum Kern der Handlung hinzuführen, der Begegnung zwischen den beiden Paaren. Arnaud stellt zunächst keinen wirklichen Störfaktor dar, sondern ist »très gentil« (S. 50) und leicht zu beruhigen. Bei der Planung des für den nächsten Abend vorgesehenen Abendessens mit den Finidoris fällt es Henri nicht leicht, klare Entscheidungen zu treffen. Dennoch scheint sich das Paar in größerem Einklang miteinander zu befinden als im ersten Teil.

Noch schneller als dort wird Hubert Finidori zum eigentlichen Zentrum der Begegnungen auf der Bühne, da Henri von seiner Frau wissen möchte, ob sie diesen verführerisch findet, was sie verneint bzw. ausweichend beantwortet. Die Art und Weise, wie Henri gegenüber Sonia auf der Verführungskraft Huberts beharrt und Sonia unterstellt, dass auch sie ihn so wahrnimmt (»Quand une femme dit …«, S. 51), lässt erkennen, wie sehr Henri diesen als Konkurrenten auch gegenüber seiner Frau begreift. Bevor die von Henri gestellte Frage vertieft werden kann, klingelt es, steht unerwarteter Besuch vor der Tür. Anders als in der ersten Begegnung liegt der Irrtum nicht bei den Finidoris, sondern bei Henri und Sonia. Sonias Einschätzung der Situation als »catastrophe« (S. 52) ist anders zu verstehen als die Henris im ersten Teil. Zum einen ist sie für einen Empfang nicht angemessen gekleidet. Außerdem trägt die »maîtresse de la maison« üblicherweise die Verantwortung für ein Gastmahl. Der Erwartung der Gäste, ein ›standesgemäßes‹ Mahl vorgesetzt zu bekommen, kann sie nicht gerecht werden. Deshalb muss ihr die Situation doppelt peinlich erscheinen. Dass sie die Gäste nicht einlassen möchte, ist verständlich. Ihr Empfinden, einer Katastrophe ausgesetzt zu sein, entspringt ihrem Rollenverständnis als Frau und Gastgeberin.

Henri besteht darauf zu öffnen. Sowohl in seiner Bestimmtheit, Sonias Anliegen zurückzuweisen, als auch in seiner Entschlossenheit, die Gäste einzulassen, erkennt der Zuschauer die erste tiefe Gemeinsamkeit mit dem Henri des ersten Teils. Die Begegnung mit Hubert Finidori hat für ihn ein so großes Gewicht, dass er dafür sogar bereit ist, seine Frau bloßzustellen; er möchte ihr untersagen, schnell noch etwas anderes anzuziehen. Zwar kann Sonia nicht verhindern, dass Henri den Gästen öffnet, aber sie kleidet sich um und verweigert damit die ihr von Henri zugemutete Erniedrigung.

Wie schon im ersten Teil nehmen die vier Erwachsenen die peinliche Situation an und begegnen sich bei »divers mets froids« (S. 52). Auch jetzt erhält Inès Gelegenheit zu einem wortreichen, aber im Grunde unangebrachten Auftritt. Sie berichtet über eine alkoholkranke Freundin, die vom Pech verfolgt wird. Die Art und Weise, in der sie die Geschichte erzählt, verrät, dass sie damit eine andere Absicht verfolgt: die Geschichte ist für sie Anlass zu einer generellen Anklage gegen Männer, die ihren Frauen die Würde rauben (»vous êtes peu soucieux de notre dignité«, S. 53). Der Zuschauer, der die Straßenszene vom Anfang kennt, weiß, dass sie auch Hubert, ihren Gatten, meint, denn schließlich sitzt sie auch jetzt mit einer Laufmasche auf der Bühne.

Wie im ersten Teil leitet Hubert auch im zweiten abrupt und unvermittelt auf Henris Forschungsarbeit über (S. 54). Er versucht seiner Anfrage eine gewisse Beiläufigkeit zu geben, indem er die von den Gastgebern angebotenen »Fingers« lobt. Der Zuschauer weiß aber, dass Hubert gekommen ist, um Henri seinen beruflichen Todesstoß zu versetzen, und kann sich ganz auf die perfide und heimtückische Art konzentrieren, mit der dieser ihn einfädelt und Henri zur Einsicht führt: »Je suis maudit« (ebd.). Diese Einsicht, die Henri in der ersten Fassung erst am Ende gewinnt, steht hier gleich zu Beginn der Begegnung zwischen den Paaren und verspricht einen anderen Verlauf.

In dem Moment, in dem Henri in seiner beruflichen Position völlig erschüttert wird, greift Arnaud ein und fordert Aufmerksamkeit für sich. Um ihn zu beruhigen verlassen Henri und Inès – Letztere hat sich schon im ersten Teil als prinzipienfeste und erziehungserprobte Mutter zu erkennen gegeben – die Bühne und lassen Hubert mit Sonia alleine zurück. Diese Handlungsvariante bietet dem Zuschauer eine Überraschung. Während Henri und Inès sich gemeinsam um das Kind kümmern und in gewissem Sinne gegenüber Arnaud die Aufgabe von Eltern übernehmen, nutzen Sonia und Hubert die Gelegenheit zur Annäherung. Hubert bleibt sich in dieser Situation als Macho treu. Er zeigt Wagemut, ist von seiner Wirkung auf Sonia überzeugt und sein Erfolg gibt ihm Recht. Sonia hingegen folgt in ihrem Verhalten dem Rollenklischee der verheirateten Frau, die die Avance des Verehrers zunächst zurückweist, diese aber schließlich zulässt und sich geschmeichelt fühlt.

Dem Zuschauer wird der von Henri zu Beginn von Version 2 geäußerte Verdacht, der nach Ablauf von Version 1 unbegründet erscheint, plausibel. Zugleich erhält das Vorgehen Huberts gegenüber Henri eine neue Dimension. Vor dem Hintergrund seiner ›Anmache‹ Sonia gegenüber scheint es nicht nur berufliche Hintergründe zu haben, sondern ganz persönlich motiviert zu sein: er ist der Rivale Henris im Kampf um die Gunst Sonias. Es liegt der Verdacht nahe, dass er sich seine berufliche Überlegenheit gegenüber Henri zunutze macht um sich an dessen Frau heranzumachen.

Konnte der Zuschauer zu Beginn des zweiten Teils von einem gewissen Einklang der Gastgeber ausgehen, so sieht er sich jetzt getäuscht. Eine Frau, die in einer harmonischen, befriedigenden Beziehung mit ihrem Partner lebt, ist für das Werben eines anderen Mannes gewöhnlich nicht anfällig. Und Henri, der vom Scheitern bedrohte Wissenschaftler, wird als Versager ganz anderer Art erkennbar: er kann die sexuellen Bedürfnisse seiner Frau nicht mehr befriedigen. Zu seiner Impotenz im Beruf gesellt sich gewissermaßen seine Impotenz als Ehemann.

Das folgende Gespräch zeigt auf den ersten Blick sowohl einen anderen Henri als auch einen anderen Hubert, was den Umgang mit der beruflichen Gefährdung Henris anbelangt. Der reagiert nicht nur gelassener, weniger erschüttert als im ersten Teil (S. 59), sondern ist geradezu optimistisch, was seine Zukunft als Wissenschaftler betrifft. Hubert weckt den Eindruck, als wolle er die Vernichtung Henris nicht weiter verfolgen, als habe er daran kein Interesse (mehr). Allerdings gibt er sein Konkurrenzverhalten gegenüber Henri nicht auf. Vielmehr versucht er immer wieder ihn zu übertrumpfen, zu brillieren, was Inès als seine Masche entlarvt, mit der er hübsche Frauen zu beeindrucken pflegt (S. 58). Wie Henri nimmt auch Inès wahr, dass das Auftreten von Hubert auf Wirkung beim weiblichen Geschlecht abzielt.

Obwohl sich im weiteren Verlauf die Anwesenden dem Anschein nach alle Mühe geben, ein der Situation angemessenes Gespräch zu führen, scheitern sie mit diesem Unterfangen, fehlt ihrem Gespräch die Kohärenz. Egal welches Thema sie aufgreifen, ob banalere Fragen oder anspruchsvollere – es gelingt ihnen kein spannungsfreies Gespräch oder gar Einvernehmen. Die Konversation erweist sich als äußerst sprunghaft, führt entweder zum Abbruch oder zu offenen gegenseitigen Vorwürfen. Wie im ersten Teil wird die Auseinandersetzung schärfer und steuert auf einen erneuten Höhepunkt zu. Die Brutalität des Schlagabtauschs wird zum einen dadurch gesteigert, dass Henri sich jetzt nicht als larmoyanter, wehleidiger Weichling präsentiert, sondern als gegen Hubert offen Aufbegehrender, seine berechnende Selbsterniedrigung vor ihm eingesteht und dessen heuchlerisches, verlogenes Vorgehen ihm gegenüber entlarvt (vgl. S. 63). Schließlich scheint der unmäßige Alkoholkonsum Henris den bisher Gedemütigten und sich selbst Demütigenden zusätzlich dazu zu verleiten, gnadenlos mit Hubert abzurechnen. Getreu dem Motto »In vino veritas« schwingt er sich auf, die Eitelkeiten und Extravaganzen seines Vorgesetzten beim Namen zu nennen. Zum anderen verhindert Inès, dass sich Hubert aus seiner Verantwortung gegenüber Henri herausredet, da sie offenlegt, mit welchem Ziel er bei den Gastgebern erschienen ist. Wie bei Henri senkt der Alkohol auch bei ihr die Hemmschwelle. Es sind die in der Ehe erfahrene

Missachtung und grundlegende Infragestellung ihrer Person, die sie aufbegehren lassen (»peu de chose«, S. 68).

Hubert haben bisher seine brillante Rhetorik, sein rücksichtsloser Zynismus und seine Unerbittlichkeit immer über die anderen triumphieren lassen. Dafür, dass ihm dies nicht gelingt, sorgt nun auch Sonia. Sie reiht sich ein in die Phalanx der Gedemütigten, die jetzt zurückschlagen. Sie fühlt sich tief gekränkt, weil Hubert abschätzig über Henri redet und, mehr noch, sie auf eine Stufe mit Henri stellt (»C'est le *nous* qui est particulièrement malencontreux«, S. 69). Deshalb klagt auch sie Hubert unerbittlich an und bewirkt, dass dieser im Vergleich zu Version 1 in eine völlig neue Rolle gedrängt wird: er, der nach Belieben schaltete und waltete, sich geschickt zu entziehen wusste, wenn er ins Visier genommen wurde, gerät hier ins Zentrum der Attacke aller anderen. Ihm wird nun massiv heimgezahlt, was er den anderen in seinem menschenverachtenden Spiel zugefügt hat, er steht mit dem Rücken zur Wand und findet alleine nicht mehr aus dieser Situation heraus.

Allerdings gelingt es den Anwesenden nicht, über ihn zu triumphieren oder sich von ihm zu emanzipieren. Ausgerechnet Inès sorgt mit einer erneuten Indiskretion dafür, dass die Front, die sich gegen Hubert fest geschlossen hatte, zerbricht. Obwohl sie weiß, dass ihr deshalb eine alptraumhafte Auseinandersetzung mit bzw. »Hinrichtung« durch Hubert bevorsteht, verrät sie in einem Anfall von Eifersucht oder instinktiver, reflexartiger Solidarisierung mit ihrem Mann, dass sie Sonia und Hubert beim Flirt belauscht hat. Ihr Versuch, sich mit Henri und Sonia gegen ihren Mann zu verbünden, misslingt. Der sturzbetrunkene Henri bestraft die schon bis zur Unerträglichkeit verletzte und gekränkte Inès für ihre Indiskretion mit weiteren Kränkungen und wirft die Finidoris aus der Wohnung.

Inès wird am Ende des zweiten Teils zur tragischen Figur, die sich durch ihr eigenes Zutun noch tiefer in eine ausweglose Lage manövriert. In einem verzweifelten Versuch des Selbstschutzes bezeichnet sie, die erkennbar unter den ihr zugefügten Erniedrigungen leidet, sich als »inhumiliable« (S. 72) und ist bereit, sich in einer Art Masochismus den weiteren Attacken ihres Gatten auszusetzen, den sie vor allen als »canaille« tituliert und damit andeutet, was ihr wegen ihrer Indiskretion bevorsteht.

Henri hat gegenüber dem ersten Teil an Profil gewonnen. Trotz seiner Trinkerei ist ihm gelungen, was Inès versagt geblieben ist: Er hat sich aus seiner Abhängigkeit von Finidori gelöst und aufgehört, das narzisstische Selbstbild des sich für unwiderstehlich erachtenden, sich über andere Menschen erhebenden Vorgesetzten weiterhin zu spiegeln. Dennoch endet auch für ihn der Abend mit einem Desaster: seine wissenschaftliche Laufbahn scheint beendet und seine Beziehung mit Sonia ist in ihrer tiefen Krisenhaftigkeit offengelegt.

Dritte Version

Der dritte Teil wartet mit einer Überraschung auf: Inès sitzt ohne Laufmasche auf der Bühne, Sonia in ihrer »robe de chambre«. Dieser Einstieg wirft ein neues Licht auf bisher Gesehenes und bisher den beiden Frauen zugeordnete Eigenschaften, fördert erneut die Wachsamkeit des Zuschauers. Auch die Heiterkeit der vier Personen steht in krassem Gegensatz zum Ende von Version 2 und erlaubt dem Zuschauer eine entspanntere Grundhaltung als noch wenige Augenblicke zuvor, gönnt ihm eine Ruhephase vor dem nächsten Sturm. Reza lässt ihre Zuschauer heftige Gefühlsschwankungen durchlaufen und versetzt sie damit in eine den Bühnenfiguren vergleichbare Situation.

Hubert und Henri unterhalten sich ihrem beruflichen Status gemäß über eine wissenschafts- bzw. erkenntnistheoretische Fragestellung. Beide beherrschen die dem Wissenschaftler angemessene Grundhaltung, nicht Fragen zu beantworten, sondern diese zunächst aufzuwerfen. Sie tun dies in pointierten Formulierungen und höchster sprachlicher Abstraktion, womit sie ihrer Rollenerwartung entsprechen und auf den ersten Blick den Anschein geistiger Tiefe erwecken. Betrachtet man ihre Formulierungen genauer, so erkennt man, dass ihr Diskurs aus einer Aneinanderreihung modischer Floskeln besteht und jeglicher Originalität entbehrt (vgl. »théorie de toutes les interactions fondamentales«, S. 75, »théorie unificatrice«, S. 76). Greift man sich weitere Aussagen heraus, so fällt auf, dass die hochtrabenden Formulierungen letztlich banal, im Grunde nichtssagend sind (»l'écart entre réel et représentation«, »écart entre objet et mot«, »l'objectivisation totale est le grand visée de l'entreprise scientifique«, ebd.). Die beiden Wissenschaftler Hubert und Henri, die sich zu brillieren bemühen, zeigt Yasmina Reza in dieser parodistischen Szene als wissenschaftlich gebildete Möchtegerne und inhaltsleere Schwätzer. Dabei dominiert Hubert mit seiner dem Zuschauer bekannten aufgeblasenen Rhetorik die Szene von Anfang an.

Wie in den beiden Versionen davor wird das Kind von Henri und Sonia zum Thema der Abendgesellschaft. Allerdings zeigt Arnaud bisher nicht gekannte Eigenschaften: obwohl er noch nicht schlafen kann, hält er sich diskret im Hintergrund und hört Musik. Dies veranlasst Inès seine Selbständigkeit zu loben und in einer Anwandlung von mütterlichem Stolz möchte Sonia ihr ihren Sohn zeigen. Das bietet den Männern Gelegenheit, sich alleine zu unterhalten. Die Situation, dass sich zwei Personen alleine auf der Bühne befinden, war in den vorangegangenen Versionen für den weiteren Fortgang des Stückes von entscheidender Bedeutung. Schon deshalb wird der Zuschauer das Gespräch zwischen Henri und Hubert mit größter Aufmerksamkeit verfolgen.

Es erfüllt zunächst die Erwartung des Zuschauers und wartet mit einer neuerlichen Überraschung auf: anders als vorher ist Henri über den Artikel informiert, der in Konkurrenz zu seiner Publikation steht. Er wirkt gelassen und erkennt in der Parallelpublikation gar einen Vorteil. Hubert, sein Vorgesetzter, findet – und auch das ist neu – lobende

Worte sowohl für die Haltung Henris als auch für das Erscheinungsbild, das er ihm bietet (»Je vous trouve très en forme«, S. 78). An dieser Stelle könnte der Eindruck entstehen, dass Version 3 auf ein Happy-End zusteuert. Die beiden Männer befinden sich im Einklang miteinander, die berufliche Situation Henris ist nicht bedroht und auch die beiden Frauen kommen gut miteinander aus.

Die Hartnäckigkeit des Kindes, das Henri etwas zeigen möchte, sorgt für ein zweites »tête-à-tête«, nämlich das zwischen Sonia und Hubert. Wie in Version 2 bleiben sie für Augenblicke alleine zurück. Ohne jegliche Zurückhaltung zeigt und gesteht Hubert, dass er »verrückt« nach Sonia ist und sie anbetet, womit er sich wie auch schon im Diskurs mit Henri ganz auf sprachliche Klischees stützt. Sonia, die gerade noch auf die Brisanz der Situation hingewiesen hat (»Ils sont derrière la porte«, S. 80), gestattet, dass Hubert sie küsst. Auch in der letzten Version erweisen sich also die Paarbeziehungen als gefährdet. Zudem macht eine kurze Bemerkung Huberts deutlich, dass sich Henri möglicherweise in einer falschen Sicherheit wiegt und die berufliche Situation für ihn doch bedrohlich sein könnte.

Diese Szene enthält Zündstoff und korrigiert die Erwartung des Zuschauers schlagartig. Was er sieht, stellt einen weiteren Verlauf des Stückes in Aussicht, der alles andere als ein Happy-End aufweist. Zunächst wirkt sich die Brisanz der Begegnung zwischen Sonia und Hubert nicht unmittelbar auf den Fortgang der Handlung aus. Allerdings ist die Heiterkeit vom Anfang der Version 3 verlorengegangen und das Gespräch ins Stocken geraten (»Silence« – »Un temps« – »Silence«, S. 82f.). Die Anwesenden haben ihre Unbefangenheit verloren und sind insgeheim mit anderem beschäftigt als ihrem augenblicklichen Konversationsthema. In den Momenten der Stille erahnt man ihre Anspannung.

Ein Handyanruf bringt wieder Schwung und Tempo in die Unterhaltung. Zunächst erfährt Henri, dass seine wissenschaftliche Publikation bessere Ergebnisse aufweist als die seiner Konkurrenten (S. 83). Seine Person gerät in den Mittelpunkt der Gesellschaft und er nimmt das Lob ebenso wie die Hochachtung der anderen entgegen. Der Zuschauer durchschaut die Äußerungen von Sonia und Hubert (»formidable«, ebd.; »je t'embrasse mon amour«, S. 84) als Heuchelei. Aber auch Henri scheint zumindest die Heuchelei von Hubert bewusst (»Il se fout de moi«, ebd.). In seiner tiefen Erleichterung über die Nachricht seines Freundes lässt sich Henri zu maßlosem Jubel sowie einer peinlichen Selbstüberschätzung hinreißen (»le héros de la journée«, ebd.), worin auch eine Art Aufbegehren gegenüber Hubert mitschwingt (»le mythe Finidori«, S. 85).

Die Hochstimmung Henris, in der er zunächst zum Animator der Gruppe avanciert, schlägt scheinbar völlig unbegründet abrupt um und zieht auch Inès in ein Stimmungstief. Trotz des Lobes von Hubert steigert er sich in eine Haltung der radikalen Selbstverachtung hinein, die einer Selbstvernichtung gleichkommt. Sonia versucht Henris Selbstdestruktion in verzweifelter Offenheit zu erklären. In einer Stellungnahme, in der sie an ihre am Ende von Version 1 geäußerte Enttäuschung anknüpft, präzisiert sie die Eigenarten Henris, die sie allem Anschein nach verabscheut, weil sie sie auch überfordern: sie konfrontiert die Anwesenden mit der tiefen inneren Zerrissenheit Henris, seiner Unausgeglichenheit, Sprunghaftigkeit, seinen zerstörerischen Selbstzweifeln und letztlich seiner Lebensuntüchtigkeit.

Mit einer Indiskretion verschärft Inès, die eigentlich von der unerträglichen Situation ablenken möchte, die verzweifelte Lage Henris zusätzlich. Sie gibt preis, dass Hubert in die »Académie des Sciences« berufen wurde (S. 89). Der für Henri in der Welt der Wissenschaft unerreichbare und übermächtige Hubert beweist seine Ausnahmestellung, unter der Henri, der weniger Begabte, weniger Erfolgreiche, bisher schon gelitten hat. Am Ende der Szene stürzt er Henri nur noch tiefer in sein Elend, wenn er ihm trotz dessen Attacken und Ungezogenheiten seine Unterstützung verspricht. Er bekräftigt damit die Einsicht Henris, dass er seine berufliche Existenz und sein Weiterkommen nicht seiner eigenen Begabung und wissenschaftlichen Leistung verdankt, sondern dem Wohlwollen und Gutdünken Huberts.

Hubert verabschiedet sich nur von Sonia und diese erwidert seinen Gruß in einer Weise, die alles Weitere offenlässt bzw. ein Wiedersehen der beiden nahelegt (»Au revoir«, S. 90). Dies unterstreicht, dass Henri auch sein privates Schicksal nicht mehr in eigenen Händen hält, und steigert die verzweifelte Lage, in der er sich befindet. Als Inès am Ende von Version 2 ihr Schicksal annimmt und sich in einer Art masochistischer Unterwerfung ihrem Mann ausliefert, weiß sie, worauf sie sich einlässt: den schon lange andauernden Ehehorror, in dem sie, aus welchem Grund auch immer, ihre Rolle gefunden hat. Am Ende von Version 3 wird ein weiterer Höhepunkt in der Handlungsführung insofern erreicht, als sich Henri mit einer Situation konfrontiert sieht, die für ihn in unerträglicher Weise entwürdigend ist. Außerdem geht sie mit der Vernichtung seines Selbstwertgefühls und der Infragestellung seiner gesamten bisherigen Existenz einher. Das schlafende Kind von Sonia und Henri, das unter anderen Umständen Trost und Hoffnung verkörpern könnte, rückt die aussichtslose Lage Henris nur noch deutlicher ins Bewusstsein.

Inhalt

Französische Fremdsprachentexte

IN RECLAMS UNIVERSAL-BIBLIOTHEK

Erzählungen

Marcel Aymé: Le Passe-muraille et autres nouvelles. 88 S. UB 9179
Le Passe-muraille – Le Proverbe – Les Clochards

Boileau/Narcejac: Le Fusil à flèches. Contes policiers. 85 S. UB 9269
Remords – Le Corbeau – Un Coupable – Une Femme de tête – Le Fusil à flèches

Albert Camus: L'Hôte / Le Premier Homme. Extraits d'un roman inachevé. 164 S. UB 9041

Contes d'amour. 159 S. UB 9014
Émile Zola – Guy de Maupassant – Henri Barbusse – Jean Giraudoux – André Maurois – Paul Morand – Marcel Aymé – Jacques Sternberg – Christine Arnothy – Georges-Olivier Châteaureynaud – Jean-Paul Dubois

Contes provençaux. 152 S. UB 9052
Joseph Roumanille – Frédéric Mistral – Alphonse Daudet – Henri Bosco – Jean Giono – Emmanuelle de Marande

Conteurs du Maghreb. 159 S. UB 9036
Azouz Begag – Tahar Ben Jelloun – Rachid Mimouni – Mohammed Dib – Assia Djebar

Conteurs français du XXe siècle. 192 S. UB 9046
Jules Renard – Sidonie-Gabrielle Colette – André Maurois – Jean Giono – Julien Green – Marcel Aymé – Nathalie Sarraute – Marguerite Yourcenar – Albert Camus – Marguerite Duras – Boris Vian – Michel Tournier – Françoise Sagan – J. M. G. Le Clézio – Jean-Paul Dubois

Conteurs franco-canadiens. 168 S. UB 9067
Félix Leclerc – Yves Thériault – Jacques Ferron – Roch Carrier – Suzanne Jacob – Micheline La France – Marilù Mallet

– Jean-Yves Soucy – Monique Proulx – Louis Hamelin – Stanley Péan

Conteurs francophones noirs. 194 S. UB 9074
Myriam Warner-Vieyra – René Depestre – Joseph Zobel – Maryse Condé – Kitia Touré – Henri Lopes – Emmanuel Boundzéki Dongala – Jean-Luc Raharimanana – Ousmane Sembène

Didier Daeninckx: Histoires d'histoire. 215 S. UB 19728
Préface: Small is beautiful – Il faut désobéir – Suivez la flèche – Les 5 «C» de l'Alsacienne – Le dernier guérillero – Les passeurs de liberté – La première de «Nadine» – Les boueux de l'espace – Ceinture rouge

Maurice Druon: Tistou les pouces verts. 134 S. UB 9282

Les Écrivains à l'école. Récits et nouvelles. 184 S. UB 9115
Gustave Flaubert – Alphonse Daudet – Colette – Marcel Pagnol – Eugène Ionesco – Maurice Druon – Raymond Queneau – Albert Camus – Jean-Paul Sartre – Jacques Lanzmann – Marguerite Duras – Françoise Giroud – Daniel Pennac – Robert Bober – Pierre Ferran

Gustave Flaubert: Un Cœur simple. Conte. 91 S. UB 9200

Anna Gavalda: Je voudrais que quelqu'un m'attende quelque part. 255 S. UB 9105
Petites pratiques germanopratines – I. I. G. – Cet homme et cette femme – The Opel touch – Ambre – Premission – Le fait du jour – Catgut – Junior – Pendant des années – Clic-clac – Epilogue

Goscinny/Sempé: Le Petit Nicolas. Choix de textes. 75 S. 26 Ill. UB 9204
Le Football – Je fume – On a eu l'inspecteur – Les Carnets - C'est Papa qui décide – La Plage, c'est chouette – On est rentrés

Goscinny/Sempé: Histoires inédites du Petit Nicolas. 99 S. UB 19712
Les Invincibles – Souvenirs doux et frais – La quarantaine –

La punition – Je suis le meilleur – Comme un grand – Le gros mot

Guy de Maupassant: Boule de suif. Nouvelle. 96 S. UB 9011

Guy de Maupassant: Mon oncle Jules et autres contes. 101 S. UB 19711

Mon oncle Jules – Garçon, un bock! … – Un parricide – Aux champs – Le Papa de Simon

Guy de Maupassant: Six contes. 138 S. UB 9037

Le Gueux – La Ficelle – La Parure – La Folle – L'Aventure de Walter Schnaffs – Le Horla

Guy de Maupassant: Le Vagabond – Coco. Textes et dossier. 96 S. UB 9116

Prosper Mérimée: Carmen. Nouvelle. 111 S. UB 9171

Nouvelles françaises contemporaines. 167 S. UB 9012

Paul Fournel – Jean-Paul Dubois – Christiane Baroche – Jean Cayrol – Danièle Sallenave – Michel Tournier – Jacques Sternberg – Georges-Olivier Châteaureynaud – Annie Saumont – Jean Vautrin

Paris des écrivains. Récits et nouvelles. 191 S. UB 9113

Louis-Sébastien Mercier – Nicolas-Edme Rétif de la Bretonne – Victor Hugo – Charles Baudelaire – Émile Zola – Léo Malet – Jacques Sternberg – Annie Ernaux – Didier Daeninckx – Jeean Rolin – Jean-Bernard Pouy

Georges Simenon: L'Amoureux de Mme Maigret. 78 S. UB 9291

Michel Tournier: Contes et petites proses. 85 S. UB 9280

Amandine ou Les Deux Jardins – Pierrot ou Les Secrets de la nuit – Barbedor – Réponse – Les Fiancés de la plage – Le Fantôme d'Arles – De Jérusalem à Nuremberg

Fred Vargas: Coule la Seine. Nouvelles policières. 192 S. UB 9136

Salut et liberté – La nuit des brutes – Cinq francs pièce

Philipp Reclam jun. Stuttgart

Französische Fremdsprachentexte

IN RECLAMS UNIVERSAL-BIBLIOTHEK

Dramen, Drehbücher

Jean Anouilh: L'Alouette. 199 S. UB 9126 – Antigone. Pièce en un acte. 118 S. UB 9227

Au revoir, les enfants. Un film de Louis Malle. 141 S. UB 9290

La Haine. Scénario de Mathieu Kassovitz. 155 S. UB 9081

Eugène Ionesco: La Cantatrice chauve. Anti-pièce. 69 S. UB 9164

Molière: L'Avare. Comédie en cinq actes. 144 S. UB 9022 – Le Malade imaginaire. Comédie en trois actes. 127 S. UB 9217 – Le Tartuffe ou l'Imposteur. Comédie en cinq actes. 131 S. UB 9087

Jean Racine: Phèdre. Tragédie en cinq actes. 135 S. UB 9299

Yasmina Reza: Trois versions de la vie. 119 S. UB 9108 – Le dieu du carnage. 117 S. UB 19740

Jules Romains: Knock ou Le Triomphe de la Médecine. Comédie. 111 S. UB 9154

Edmond Rostand: Cyrano de Bergerac. Comédie héroïque. 240 S. UB 9026

Jean-Paul Sartre: Morts sans sépulture. Pièce en deux actes. 109 S. UB 9175

La Voleuse de Saint-Lubin. Scénario de Claire Devers et Jean-Louis Benoît. 126 S. UB 9125

Philipp Reclam jun. Stuttgart

Französische Fremdsprachentexte

IN RECLAMS UNIVERSAL-BIBLIOTHEK

Romane (Auswahl)

Olivier Adam: Je vais bien, ne t'en fais pas. 191 S. UB 19723

Tahar Ben Jelloun: Les Raisins de la galère. 176 S. UB 9056

Didier van Cauwelaert: Un aller simple. 229 S. UB 9109

Marguerite Duras: L'Amant. 168 S. UB 19704 – Moderato cantabile. 124 S. UB 9032

Annie Ernaux: Une Femme. 95 S. UB 9278

Philippe Grimbert: Un secret. 187 S. UB 19731

Michel Houellebecq: Extension du domaine de la lutte. 227 S. UB 9091

Agota Kristof: Hier. 141 S. UB 9096

Jean-Claude Mourlevat: L'enfant Océan. 167 S. UB 9117

Amélie Nothomb: Robert des noms propres. 175 S. UB 9121 – Antéchrista. 173 S. UB 19739

Yann Queffélec: Noir Animal ou la Menace. 147 S. UB 9089

Christiane Rochefort: Les Petits Enfants du siècle. 167 S. UB 9265

Françoise Sagan: Aimez-vous Brahms … 143 S. UB 9238

Eric-Emmanuel Schmitt: Monsieur Ibrahim et les fleurs du Coran. 101 S. UB 9118 – Oscar et la dame rose. 120 S. UB 9128 – L'enfant de Noé. 175 S. UB 9147

Brigitte Smadja: Il faut sauver Saïd. 117 S. UB 19737

Französische Dramen

IN RECLAMS UNIVERSAL-BIBLIOTHEK

Jean Anouilh: Jeanne oder Die Lerche. Schauspiel. 112 S. UB 8970

Pierre Corneille: Der Cid. Tragische Komödie. 64 S. UB 487 – Le Cid / Der Cid. (Zweispr.) 327 S. UB 9388

Alexandre Dumas: Die Kameliendame. Schauspiel. 96 S. UB 245

Jean Giraudoux: Die Irre von Chaillot. Schauspiel. 103 S. UB 9979 – Undine. Schauspiel. 111 S. UB 8902

Eugène Ionesco: Die kahle Sängerin. Anti-Stück. 61 S. UB 8370 – Die Stühle. Der neue Mieter. Zwei Theaterstücke. 104 S. UB 8656 – Die Unterrichtsstunde. Komisches Drama. 59 S. UB 8608

Pierre de Marivaux: Das Spiel von Liebe und Zufall. Komödie. 78 S. UB 8604

Molière: Amphitryon. 72 S. UB 8488 – L'Avare / Der Geizige. (Zweispr.) 275 S. UB 8040 – Der Bürger als Edelmann. Ballettkomödie. 87 S. UB 5485 – Le

La Littérature française

Une anthologie

Herausgegeben von Karl Stoppel
368 S. UB 9086

Diese Textsammlung präsentiert vom ausgehenden Mittelalter bis zur Gegenwart die großen französischen Autoren in prägnanten Auszügen aus Romanen, Memoiren, Erzählungen, Essays, in charakteristischen Dramenszenen, in Aphorismen, Chansons und Gedichten.

XVe / XVIe siecle

Villon – Rabelais – Du Bellay – Ronsard – Montaigne

XVIIe siècle

La Rochefoucauld – La Fontaine – Molière – Pascal – Madame de Sévigné – Racine – La Bruyère – Saint-Simon

XVIIIe siècle

Marivaux – Montesquieu – Voltaire – Rousseau – Diderot – Beaumarchais – Laclos – Mercier

XIXe siècle

Chateaubriand – Lamartine – Vigny – Hugo – Stendhal – Balzac – Nerval – Baudelaire – Flaubert – Verlaine – Rimbaud – Zola – Mallarmé – Maupassant – Jarry

XXe siècle

Proust – Valéry – Gide – Apollinaire – Desnos – Giraudoux – Saint-John Perse – Éluard – Saint-Exupéry – Prévert – Sartre – Anouilh – Camus – Ionesco – Robbe-Grillet – Tournier – Duras – Houellebecq

Philipp Reclam jun. Stuttgart